FICHA CATALOGRÁFICA

(Preparada na Editora)

Formiga, Eurícledes, 1924-1983.

F822m   *Motoqueiros no Além* / Eurícledes Formiga, Espíritos Diversos, Eduardo Carvalho Monteiro. Prefácio de Bezerra de Menezes, psicografado por Francisco Cândido Xavier. Araras, SP, 28ª edição, IDE, 2006.

128 p.: 18 il.

ISBN 85-7341-353-0

1. Espiritismo 2. Psicografia I. Espíritos Diversos II. Monteiro, Eduardo Carvalho, 1950-2005. III. Xavier, Francisco Cândido, 1910-2002. IV. Título.

CDD -133.9
-133.91
-133.901 3

Índices para catálogo sistemático:

1. Espiritismo 133.9
2. Psicografia: Mensagens: Espiritismo 133.91
3. Vida depois da morte: Espiritismo 133.901 3

Eurícledes Formiga
Eduardo Carvalho Monteiro

MOTOQUEIROS no ALÉM

Espíritos Diversos

© 1983, Instituto de Difusão Espírita

28ª edição - agosto/2006
3ª reimpressão - abril/2016
3.000 exemplares
(135.001 ao 138.000)

Capa:
César França de Oliveira

*Todos os direitos estão reservados.
Nenhuma parte desta obra pode ser
reproduzida ou transmitida por qualquer forma
e/ou quaisquer meios (eletrônico ou mecânico,
incluindo fotocópia e gravação) ou arquivada
em qualquer sistema ou banco de dados
sem permissão, por escrito, da Editora.*

INSTITUTO DE DIFUSÃO ESPÍRITA

Av. Otto Barreto, 1067 - Cx. Postal 110
CEP 13600-970 - Araras/SP - Brasil
Fone (19) 3543-2400
CNPJ 44.220.101/0001-43
Inscrição Estadual 182.010.405.118

www.ideeditora.com.br
editorial@ideeditora.com.br

IDE Editora é apenas um nome fantasia utilizado pelo INSTITUTO DE DIFUSÃO ESPÍRITA, entidade sem fins lucrativos, que promove extenso programa de assistência social, o qual detém os direitos autorais desta obra.

ÍNDICE

Na Viagem para o Além, Bezerra de Menezes 9

Motoqueiros no Além 11

A Verdade da vida além da morte 20

O arco-íris que se desdobrou no céu 25

Sou todo um arco-íris no céu do coração 33

O perdão dá paz à consciência 39

Banquei o advogado dos irmãos motoqueiros 46

A moto transportou-me à vida nova 50

Procurando em Deus o auxílio que não falta 54

Ajudemo-nos mutuamente com a aceitação da
vontade do Céu 61

Confiança em Deus e fé no amparo de Jesus 64

Minha montaria roncava alegremente pelas ruas da cidade ... 70

Basta que me lembre no seu coração 76

Confiar em Deus 81

A moto foi o instrumento que me jogou para uma nova
dimensão da vida 86

Dimensões da saudade 92

Meu cavalo de ferro vencendo fosse o que fosse 95

Parti no instante exato e como havia escolhido 100

Ofereça-me hoje a paz do seu coração 104

Estava muito feliz cavalgando com meu irmão a moto 108

O Senhor da vida é fonte de misericórdia 113

Nossos passos em Pirapitingui 118

Aos meus camaradas de peregrinação cristã......................... 124

Glossário do motoqueiro 127

ÍNDICE DAS ILUSTRAÇÕES

Moacyr Porazza Junior 13

Edson Agnaldo Rosa 26

Amaury Wruck Parranchi 42

Fernando Augusto Meirinho Junior 51

Antonio Manzini 55

Eduardo Rodrigues Prado 65

Vagner Madona 71

Roberto Ams 77

José Antonio Tenório 82

Milton Araujo Gonçalves Junior 87

Texto encontrado nos pertences de Miltinho
depois de sua desencarnação 89

Paulo Fernando Bastos 93

Elias Trinidad Conde 96

João Batista Sant'Anna 101

Anézio Ruivo 105

Maurício Rosan da Silva 109

Renan Goemeri 114

Heleodoro Schmidt 119

NA VIAGEM PARA O ALÉM

Leitor amigo:
Este é um livro original que te ofertamos.

Vindas pelas mãos mediúnicas do nosso companheiro Eurícledes Formiga, todas as páginas são de autoria de jovens que foram desligados do corpo físico, através de problemas com as motocicletas que lhes mereceram especial atenção.

*

Livro original, repetimos, porque enfeixa valiosas demonstrações da sobrevivência, além do Plano Físico, expressando a correspondência de viajores que alcançaram o Mais Além, talvez em tempo rápido que, decerto, não esperavam.

*

Ao ler-lhes os comunicados, é justo refletirmos na alegria dos pais, familiares, amigos e companheiros que os receberam, entretanto, não poderíamos esquecer a advertência que significam, endereçada aos usuários de semelhante condução para que usufruam as máquinas referidas com a prudência e o respeito que merecem, de modo a que se tornem cada vez mais dignas de apreço no trânsito da vida comunitária.

*

Dito o que nos pareceu razoável comentar, em atenção para com os leitores amigos, terminamos aqui a nossa despretensiosa apresentação, rogando ao Senhor Jesus a todos nos guie e abençoe na senda do aperfeiçoamento e do progresso, em que todos somos viajantes na direção da Paz e do Bem, com o dever do amparo recíproco, na construção da felicidade de cada um.

Bezerra de Menezes

Uberaba, 4 de abril de 1983

(Prefácio recebido pelo médium Francisco Cândido Xavier.)

MOTOQUEIROS NO ALÉM

Há tempos pairava no ar uma idéia de reunirmos em um só volume mensagens de motoqueiros desencarnados e que se comunicaram no Centro Espírita "Perseverança", à Rua Bruna, 53, São Paulo, pelo lápis mediúnico de Eurícledes Formiga.

Decidido o início do trabalho, o jovem Jú, Moacyr Porazza Junior, também desencarnado dessa maneira, toma as rédeas do mesmo, do Lado de Lá, e nos envia uma mensagem de apoio:

"Com permissão dos Instrutores das tarefas que aqui se realizam em nome de Jesus, venho, com natural alegria, renovar aos queridos companheiros de trabalho minha disposição de colaborar no compromisso que acaba de surgir, relativo ao livro dos nossos irmãos motoqueiros.

Quero reafirmar que se trata de intenção antiga, nascida entre nós, com a ajuda de Deus, a fim de levar reconforto, alento e esperança aos corações atingidos por esse gênero de separação quase sempre de caráter violento, o que agrava o sofrimento de todos, dos que partem e dos que ficam.

Caso tenhamos êxito na programação idealizada, desde já, de nossa parte, levamos nosso profundo reconhecimento aos que cooperarem em sua concretização, tendo em vista, sobretudo, as finalidades sublimes do trabalho.

Jú

Moacyr Porazza Junior" (6/11/1982)

* * *

"Nossa Casa é um posto avançado de amor"

O jovem Moacyr já é conhecido na literatura espírita por comunicações suas incluídas no volume "Olá, Amigos" e por isso dispensa maiores apresentações.

Jú, como é carinhosamente chamado pelos pais, já enviou duas cartas mediúnicas por Chico Xavier e outras seis por Eurícledes Formiga, das quais quatro enfeixamos neste volume.

Domiciliado no Plano Espiritual desde 1º de junho de 1980, atualmente é ativo participante dos trabalhos espirituais da Casa "Perseverança" ou, se preferirem, como ele mesmo a chama, "Posto Avançado de Amor", onde, segundo suas palavras, já recolheu 400 motoqueiros desencarnados em acidente, como ele.

Nas mensagens que apresentamos neste volume, vamos notar que ele quase não tem mais preocupação de dirigir-se em termos pessoais à família, mas, principalmente, em orientá-los e aos companheiros nos trabalhos espirituais da Casa.

Vejamos as novas mensagens de Jú:

"Querida Mãezinha Wilma,

Por bondade, meus companheiros jovens do lado de cá, engajados por amor e em nome de Jesus nos trabalhos do nosso "Perseverança", permitem-me, sob a orientação de Instrutores Maiores, ser o porta-voz dos seus corações nesta noite, a propósito da idéia aqui lançada e que a convocou primeiramente (1).

Moacyr Porazza Junior

Na verdade, o coração generoso de nossa irmã Guiomar (2) recolheu com fidelidade as sugestões de todos nós, empenhados em pôr em prática o programa de amparo e assistência do qual você tem conhecimento, pois já tive oportunidade de falar sobre o assunto.

Mãezinha, esta Casa é um "Posto Avançado de Socorro" a numerosas almas aflitas atingidas pela dor, pelo desespero e pela ausência de auxílio de qualquer natureza. As tarefas estão crescendo e há necessidade de maior dedicação por parte de todos nós, encarnados e desencarnados aqui enfileirados na luta pela Causa do Bem. O serviço em favor dos semelhantes é a mais eficaz terapia para os nossos próprios sofrimentos. Só ajudando conseguiremos edificar em nosso caminho os meios para a nossa libertação.

Estamos muito felizes e eu, particularmente, muito mais, vendo-a na posição em que se encontra, ao lado do papai, como trabalhadores de Jesus.

Entre outros, aqui estão em minha companhia Wady (3), Wagner (4), Dalton (5), Antonio Carlos Pires (6), Maurício do Amaral (7), Henry (8), Eduardo (9), sem faltar um indiozinho de muito amor, com o nome de Maxumare (10). São muitos outros, porém.

Peço levar à nossa Pat (11) meu beijo de muito carinho. Oportunamente, ela terá notícias mais detalhadas, como me pede.

O filho reconhecido e com a saudade e o amor de sempre

Jú

Moacyr Porazza Junior" (27/3/1982)

***

"Querida mãezinha Wilma,

Como sempre, quando acontece poder dirigir-me ao seu coração, que é minha terra de amor e de alegria, agradeço inicialmente a Deus pela bênção que me concede.

Agora ao que mais de perto interessa neste momento a

você, na expectativa em que se encontra, diante do abençoado e novo compromisso que acaba de assumir (12). Estamos todos, não apenas eu e alguns jovens, mas abnegados Instrutores Espirituais que nos orientam os propósitos de trabalho com Jesus, ao seu lado e dos corações dedicados que irão unir-se a você nas tarefas que logo surgirão. Não receie nada, nem se intimide perante coisa alguma. Quando nos dispomos ao serviço do bem, recebemos inspiração e recursos na medida do nosso esforço e da nossa boa vontade.

Há uma programação à vista, que já vem sendo elaborada há algum tempo e que seria realizada sob a responsabilidade de vocês e de colaboradores do lado de cá de modo muito produtivo, acredite. Quanto àquilo que deve ser executado, verá logo na primeira reunião que há uma verdadeira gama de tarefas à espera de mãos devotadas, todas elas sob a luz do amor, da caridade, decididas ao amparo, à orientação, ao reconforto, ao fortalecimento. Há muitas mães de coração ferido pela dor da separação do filho amado, sem o sustentáculo da fé e da confiança em Deus, como ocorre com você e tantas almas que reencontram a paz em Jesus. Aí está uma sugestão: levar equilíbrio e novas esperanças, na paz com Deus, a esses corações sem rumo nas noites de desespero e da saudade enfermiça.

Quanto aos jovens, verá também que não faltarão sugestões por parte de colaboradores do Plano Espiritual, nos vários campos de atividades assistenciais.

Enfim, aguarde e confie. O principal é aceitar o chamado e não recuar nunca.

Jesus nos abençoe

Jú

Moacyr Porazza Junior" (29/5/1982)

* * *

16 *Euricledes Formiga*

"Querida Vovó Olga (13).

Esta é para você, com endereço repartido no coração do vovô Euclides (14). Hoje está comigo vovô Benedito (15), com a alegria de quem se reúne à família da qual afirma nunca ter se separado, pois está ligado a todos nós no amor e na lembrança.

Walderez (16) não precisa reclamar mais, se bem não tenha sido por esquecimento ou omissão que deixei de dirigir-me a ela. Sou o mesmo amigo, que a tem no coração com o carinho que jamais faltou em nossa amizade (17).

Querida mãezinha, estou contente por ter constatado que a reunião seguiu o rumo que eu havia pressentido. Agora, é trabalhar, em nome de Jesus, nos serviços do bem.

Papai Moacyr, querida Pat, não posso esquecê-los aqui. Sei que todos me recordam não apenas em datas determinadas, mas em todas as horas, em todos os instantes da vida.

Não posso me demorar mais.

O beijo de muito amor do neto, do filho, do amigo e do irmão.

Jú

Moacyr Porazza Junior" (31/5/1982)

***

"Mãezinha querida

Por bondade do Céu, venho, novamente, em resposta aos apelos de sua alma, ratificar minhas palavras anteriores de estímulo e de confiança, diante dos compromissos que assumiu nesta Casa.

Os trabalhos sob sua responsabilidade, junto às mães que aqui se reúnem, contam com dedicada assessoria de Benfeitores da Vida Maior, principalmente de jovens, reconhecidos pelos benefícios alcançados por todos, a serviço da causa do bem, realizado em nome de Jesus.

Hoje, por exemplo, você testemunhou nosso esforço e nossa alegria, durante a programação do contato que se faz necessário entre nosso irmão Marco Antônio e seus familiares. Sim, procurei, através da intuição, conduzir essa aproximação, por seu intermédio e pelo instrumento mediúnico de que dispomos para a tarefa referida (18).

Tudo correu, felizmente, bem. Aguardaremos apenas o momento da comunicação. Isso, mãezinha, constitui serviço em nome do Cristo. Reconfortar, esclarecer, amparar, reerguer nossos irmãos em sofrimento, não importa o tipo de luta ou prova, é dever de todo aquele que deseja realmente alcançar a condição de servidor de Jesus.

A mão aberta para auxiliar toma a forma de uma estrela, abençoa e ilumina, porque recebe de Deus os recursos necessários em amor, na caridade que representa. E quem primeiro se ilumina é quem dela mais próximo se acha, o coração que a dirige.

Sempre que se sentir sob o peso do desânimo pense nos que não dispõem nem um pouco do muito que lhe já é dado, que não têm sequer a confiança que nasce da certeza de que ninguém está só, quando confia em Deus.

Sua missão agora é exemplificar a própria fé, o conhecimento que possui do Evangelho do Mestre. Você, a bem da verdade, já venceu o fantasma da morte, diante das afirmações da vida que prossegue além do túmulo, não apenas por meu intermédio, mas pelo que já deu frutos em seu coração, o amor a Deus, a esperança com Jesus.

Jú

Moacyr Porazza Junior" (30/10/1982)

Notas e Identificações

Dados Pessoais de Jú

nascimento – 22 de outubro de 1962, em São Paulo.

desencarnação – 1º de junho de 1980, em São Paulo.

Pai – Moacyr Porazza.

Mãe – Wilma Faria Porazza.

Irmã – Patrícia de Cássia Porazza.

(1) *Por bondade, meus companheiros jovens do lado de cá, engajados por amor e em nome de Jesus, nos trabalhos do nosso Perseverança permitem-me, sob a orientação de Instrutores Maiores, ser o porta-voz dos seus corações, nesta noite, a propósito da idéia aqui lançada e que a convocou primeiramente –*

(2) *Na verdade, o coração generoso de nossa irmã Guiomar* – Guiomar de Oliveira Albanese, dirigente do C.E. "Perseverança".

(3) Wady Abrahão Filho (16.02.56 // 06.07.73)

(4) Wagner Iuroski (08.04.56 // 22.02.77)

(5) Dalton Pinheiro Pedroso (08.02.62 // 27.01.79)

(6) Antônio Carlos Pires (24.08.59 // 31.05.81)

(7) Maurício do Amaral (10.07.61 // 31.05.81)

(8) Henry Gonçalves (16.10.53 // 09.07.76)

(9) Eduardo Ruiz Dellalio (16.10.62 // 23.06.80)

(10) índio Maxumare – Indígena pertencente à tribo Meinaco, desencarnado aos 12 anos e que foi criado até essa idade pelo sertanista Orlando Villas Boas. Hoje, em Espírito, participa das atividades do Centro Espírita "Perseverança".

Os jovens Wadyzinho, Wagner, Dalton, Antônio Carlos e Maurício são coautores espirituais juntamente com Jú do

volume "Olá, Amigos", psicografado também por Eurícledes Formiga.

(11) *Pat* – Apelido carinhoso de Jú com sua irmã Patrícia de Cássia Porazza.

(12) *Agora, o que mais interessa de perto a você, na expectativa em que se encontra, diante do abençoado e novo compromisso que acaba de assumir.* D. Wilma, a mãe de Jú, passou a reunir os pais que perderam filhos, e freqüentam o "Perseverança", para realizarem visitas fraternas às creches da Casa e a outras obras espíritas.

(13) *Querida Vovó Olga* – Olga Faria, avó materna.

(14) *Vovô Euclides* – Euclides Faria, avô paterno.

(15) *Vovô Benedito* – Benedito Marques da Cruz, bisavô materno, desencarnado há 33 anos.

(16) *Walderez* – Walderez Sola Moreira, amiga da família.

(17) *Walderez não precisa reclamar mais, se bem não tenha sido por esquecimento ou omissão que deixei de dirigir-me a ela. Sou o mesmo amigo, que a tem no coração com o carinho que jamais faltou em nossa amizade.* – Walderez era amiga e confidente de Junior quando em vida, e comentava de sua mágoa com D. Wilma, porque Jú nunca havia se referido a ela nas inúmeras mensagens que enviou. Como vimos, Jú estava atento aos sentimentos da amiga.

(18) *Hoje, por exemplo, você testemunhou nosso esforço e nossa alegria, durante a programação do contato que se faz necessário entre nosso irmão Marco Antônio e seus familiares. Sim, procurei, através da intuição, conduzir essa aproximação, por seu intermédio e pelo instrumento mediúnico de que dispomos para a tarefa referida.* – Jú refere-se a seu trabalho de aproximação da família de Marco Antônio Pelim ao Centro Espírita "Perseverança", para que ela pudesse receber consolo através de uma comunicação do jovem, desencarnado também em acidente de moto.

"A VERDADE DA
VIDA ALÉM DA MORTE"

Domingo, 11h40 – 26/1/80

"Hoje estou triste, muito triste. Meu colega morreu de acidente de moto, eu bati com o carro de meu pai, esse meu dia. A única alegria é de saber que você vem amanhã, espero. Te amo muito, muito.

Beijos, dorme com os anjinhos e Deus te proteja. Boa noite. Te Amo.

Jú"

***

Estas as palavras inscritas no diário de Moacyr Porazza Junior, que todas as noites escrevia para sua namorada, Lilian Graziano. Ele está se referindo a seu amigo, Alexandre Soffiati, que o antecedeu em quatro meses na Grande Jornada.

Em 10 de março de 1982, por via mediúnica, Jú informava ao pai:

"Meu pai querido, peço que me abençoe. O meu companheiro Alexandre já está comigo e pronto para enviar uma mensagem a mãe. Tudo depende de nosso irmão Formiga."

Em 11 de março de 1982, finalmente o casal Soffiati pôde receber as tão aguardadas notícias de Alexandre, pelo lápis mediúnico de Eurícledes Formiga:

"Querida mãezinha Amélia (1)

Há quanto tempo você aguardava minhas palavras de saudade e muito amor, a fim de confortar os nossos corações abalados pela dor da separação física, há dois anos.

Hoje, com a ajuda de bons amigos do lado de cá, que me assistem desde aquele 26 de janeiro que assinalou minha chegada (2), posso confirmar a verdade indiscutível da vida além da morte.

Materialmente, eu os deixei, entretanto, continuo vivo ao lado de vocês, em dimensões diferentes, mas tão real quanto no corpo de carne (3).

Ninguém pode evitar as lágrimas de saudade, quando se ama e se é amado como eu. Quantas vezes choro com vocês, recordando os momentos alegres de nossa convivência na Terra. Nossa boa e amada Ste (4), a que me sinto cada vez mais ligado pelo coração, no mais puro e forte sentimento fraternal.

Mãezinha, quero pedir-lhe que não se apegue tanto às coisas materiais que me pertenciam (5). Não estou aí nem um pouco, creia (6). Desfaça-se de tudo aquilo que me pertenceu e que possa ser útil a alguém em algum lugar, em cumprimento à caridade com Jesus.

Também não posso vê-la chorando com tanta angústia, no silêncio da noite, lendo e relendo os meus escritos, alimentando cada vez mais seu sofrimento e me fazendo sofrer por você (7).

Repito que não podemos evitar as recordações que nos arrancam pranto e expressões de dor, mas devemos confiar em Deus, que está sempre atento às nossas experiências sofridas, consolando-nos quando O buscamos.

Estão em minha companhia nosso dedicado irmão e amigo Jú (8) e vovô Meraio (9), fortalecendo-me com seus conselhos e orientação.

Naquele dia, nenhum de nós aceitaria a idéia da possibilidade de minha partida de forma tão trágica.

Confiava na máquina como algo que sabia dominar quando necessário e não supunha viesse a ocorrer o acidente fatal. Alguns dias inconsciente, porém, de certa maneira, mais do lado de cá do que aí.

Foi feita, mãezinha, a vontade de Deus, como sempre.

Não queria terminar esta cartinha sem mencionar meu pai Geraldo (10), rogando ao seu coração amado e à nossa Ste compreensão e indulgência para com ele. Ensinam-me os bons amigos que me amparam neste instante que o perdão, porque é amor, nos aproxima de Deus, pelo esquecimento dos erros e das fraquezas de que somos portadores ainda.

Espero que de agora em diante você se conforte e tenha mais confiança na Misericórdia Divina.

Seu filho que a ama com imenso carinho

Alexandre

Alexandre Soffiati"

Notas e Identificações

Alexandre Soffiati nasceu no dia 7 de setembro de 1963, em São Paulo.

(1) *Querida mãezinha Amélia* – Amélia Soffiati.

(2) *Hoje, com a ajuda de bons amigos do lado de cá, que me assistem desde aquele 26 de janeiro que assinalou minha chegada, posso confirmar a verdade indiscutível da vida além*

da morte. – Dia 26 de janeiro foi a data da desencarnação do jovem Alexandre.

(3) *Materialmente eu os deixei, entretanto, continuo vivo ao lado de vocês, em dimensões diferentes, mas tão real quanto no corpo da carne.* Conforme nos esclarece a Doutrina Espírita, quando perdemos a vestimenta física, conservamos, no corpo espiritual, as características do corpo da matéria. Alexandre procura dizer aos pais, também, que ele, apesar de estar em uma dimensão diferente, permanece ao lado da família amada.

(4) *Nossa boa e amada Ste* – Apelido familiar de Stella Soffiati, irmã de Alexandre.

(5) *Mãezinha, quero pedir-lhe que não se apegue tanto às coisas materiais que me pertenciam.* – Como em outras ocasiões, os Espíritos vêm nos dizer para que não nos apeguemos às coisas materiais, mas que os mantenhamos nos recessos do coração.

(6) *Não estou aí nem um pouco, creia* – Expressão muito utilizada em vida por Alexandre.

(7) *Também não posso vê-la chorando com tanta angústia, no silêncio da noite, lendo e relendo os meus escritos, alimentando cada vez mais seu sofrimento e me fazendo sofrer por você.* – Nem a própria família sabia que D. Amélia levantava-se à noite para reler os escritos do filho. E, observemos neste caso, como o Espírito sofre junto com ela. Não seria melhor lembrá-lo de outras formas? Amparando os filhos sem mães, por exemplo?

(8) *Jú* – Moacyr Porazza Junior, amigo já citado.

(9) *vovô Meraio* – José Meraio, avô materno, desencarnado em 13 de setembro de 1970.

(10) *Geraldo* – Geraldo Soffiati, pai.

***

O acidente que vitimou Alexandre aconteceu quando um carro, ao desviar de um enorme buraco na rua, atingiu-o em sua Mobylete. Ainda chegou a ser socorrido, mas depois de cinco dias em coma, veio a desencarnar.

Quando Alexandre foi trazido por Jú ao Centro Espírita "Perseverança", sua família não conhecia os Soffiati, sabendo apenas que este havia sido amigo de Junior.

Assim, D. Wilma passou a procurá-los até que os levou à reunião em que Alexandre se comunicou.

Ao primeiro contato que tiveram com o médium Formiga, este já captou pela vidência, a presença de Alexandre, que vinha acompanhado de vovô Meraio, que ele chamava "vô do pito", e do irmão Leão, um padre marista, Diretor do Colégio Arquidiocesano, em São Paulo, e que havia sido seu professor em vida. Isso impressionou bastante o casal Soffiati, pois o médium nunca houvera tido contato algum com eles.

"O ARCO-ÍRIS QUE SE DESDOBROU NO CÉU"

"Por que já não brilham as estrelas?
Onde estão a lua e o sol?
Quero. Eu quero sentir
o Arco-Íris
cruzando o céu onde
as nuvens se escondem.
A luz. Por que esta escuridão
sem nem ao menos uma luz?
O que fazer, para onde ir,
o que pensar, o que sentir?
Estarei morto ou não?
Dizem que a morte é
libertação. Será?
Não tenho mais futuro, nem
presente, somente o passado
para lembrar.
E ele me arranha, me machuca,
quem sou eu? Onde estou?
Solidão, sim, é o que sinto,
mas evito pensar nela e
a única coisa que
penso é no Arco-Íris
Ah! O Arco-Íris!"

Edson Agnaldo Rosa

Este texto foi encontrado uma semana após a desencarnação de Edson Agnaldo Rosa e havia sido escrito por ele há alguns dias.

Sua mãe relata que dois meses antes de sua passagem para

Motoqueiros no Além 27

o Outro Mundo, ele adquirira uma fixação por arco- íris, influenciado pelo conjunto de rock americano "Rainbow".

Escutava insistentemente todos os sucessos desse conjunto, gravava suas músicas e um dia, estranhamente, em uma dessas gravações, apareceram sons inaudíveis, à semelhança de vozes, que não havia no disco. Estranhando, mostrou diversas vezes aos familiares, mas não se aprofundou no ocorrido. Seria uma ilusão auditiva de toda a família, ou aquelas vozes tentaram lhe transmitir alguma mensagem?

***

Desde 1959, conforme relata o livro "Os Espíritos comunicam-se por gravadores", de Peter Bander, Ed. Edicel, 1972, um grande número de cientistas, técnicos em eletrônica, psicólogos e leigos entusiastas têm pesquisado e se empenhado na análise de fenômenos de aparição de vozes em fitas comuns de gravação eletromagnética. Após demoradas pesquisas, formou-se a teoria de que essas vozes procederiam de pessoas do além-túmulo.

A idéia da comunicação eletrônica com o Outro Mundo já havia sido prevista por Sir Oliver Lodge, prêmio Nobel de Química, no começo do século, e muito embora parecesse fantástica, veio a ser realizada pela primeira vez pelo Dr. Konstantim Raudive, psicólogo alemão, que captou vozes do Além Túmulo ao gravar cantos de pássaros. Isto se deu em 1959.

***

Seria interessante e oportuno, que a família ou algum pesquisador investigasse essa gravação para saber o que dizem essas vozes. Aguardemos.

Além das vozes, D. Áurea, mãe de Edsinho, como era carinhosamente conhecido na V. Carrão, São Paulo, acredita que, de várias formas, o jovem estava sendo preparado para a desencarnação. Examinando suas coisas, verificou que em seu

28 Euricledes Formiga

diário havia escritos falando em morte e desenhos de cruzes, velórios e esquifes mortuários; como também nos últimos quinze dias, Edson apresentou mudanças de comportamento, estando quieto, taciturno, divagando e olhando para o céu como que à procura de algo perdido.

Poucos dias antes, Edsinho surpreendeu a mãe lendo um exemplar de "O Livro dos Espíritos", de Allan Kardec, e indagou a ela: "O que a sra. acha da vida após morte?" "É uma vida semelhante à nossa, só que sem a vestimenta física", respondeu D. Áurea, ao que ele aduziu: "Então dá tudo na mesma, com gente melhor e gente pior convivendo umas com as outras".

Também seu amigo Poronga dizia que, nos últimos dois meses, Edsinho estava diferente, triste, amargo até. Relata, inclusive, que mostrou a ele o livro "Quem São", psicografado por Chico Xavier (coautoria, Elias Barbosa, Ed. Ide) em que está publicada a comunicação mediúnica do amigo de ambos, Edilson Carlos Nogueira, também motoqueiro, e recebeu a admoestação de Edson: "Não quero saber disso. Quando tiver que chegar a hora, que chegue."

Mas segundo D. Áurea, o que mais a impressionou na carta mediúnica, e deu-lhe uma prova insofismável da sobrevivência espiritual do filho, é o fato do jovem tê-la iniciado falando do seu arco-íris.

"Isso para mim bastou. Mesmo que não contivesse os dados e informações pessoais que contém, para mim essa foi a maior prova que eu poderia ter de que meu filho está vivendo num outro Plano, pois não comentei com ninguém do Centro este fato. Além disso, de acordo com o depoimento dos amigos que socorreram Edsinho, no instante em que morria, ele olhava fixamente o céu e, quando estes se voltaram para lá, viram um belíssimo arco-íris a se formar no firmamento. Como eu poderia duvidar?"

Outro fato interessante registrado, foi o de que um dia antes de sua desencarnação, Edson escreveu por toda a Praça de

Vila Carrão, onde sofreria o acidente que lhe seria fatal, frases contendo a palavra arco-íris em inglês e português: "o arco-íris está chegando", "um dia iremos de encontro ao arco-íris", "arco-íris, quem és tu?"

Sem mais delongas, vamos à bela mensagem de Edson, psicografada em 31 de outubro de 1982:

"Mãezinha Áurea (1)

O arco-íris que se desdobrou no céu naquele dia que assinalou minha volta à Vida Espiritual foi bem um sinal de paz, antes de tudo, enlaçando-nos, apesar da aparente separação que nos atingia. Era o momento, mamãe. Não é que eu esteja a repetir palavras de outros irmãos. Mas é sempre assim que acontece.

Porque parti tão jovem, não quer dizer que tivesse direito a mais anos na Terra. Não se vive uma vez somente e eu estava a cumprir um compromisso antigo.

Você tem chorado muito, no entanto agradeço sua fortaleza de espírito, que não a fez, em nenhum momento, perder a fé em Deus.

Agora, acha-se ao meu lado vovô Zé (2), que me recolheu nos braços como um passarinho. Não me dei conta do que se passava, durante alguns dias, até reconhecer que se tratava de uma completa mudança a se operar em mim.

Vovó Marina (3) aí, com o tio Edi (4), enfim, todos de casa, querem notícias de vovô Deni (5) que já me visitou e se encontra muito bem, sem contudo, ter podido vir comigo.

O papai, também aqui presente, não consegue reter as lágrimas quando fala em meu nome (6). Velho querido, deixe-me chamá-lo assim (7), eu não morri, como vê. Saudade também eu sinto. Não precisa abater-se tanto, pois o mais difícil você já superou. Sei que acredita no seu filho, que esclarece a partida inadiável (8).

30   *Euricledes Formiga*

Recordo todos os momentos felizes ao lado de vocês, da nossa Sandra (9), da nossa Geny (10), do nosso José Roberto (11) e dos pequenos Joyce (12) e Danilo (13). Sabe, mãezinha, deram-me permissão, certo dia, e, acompanhado por Benfeitores e amigos, fui visitá-los. Brinquei com as crianças e procurei deixar em vocês a sensação de minha presença. Foi um dia em que falaram muito em mim, comentando, sem que o soubessem, minha visita (14). Deus me concedeu a graça de aliviar a nossa saudade, o nosso sofrimento, com o registro dessa aproximação.

Não há necessidade de prolongar mais nossa conversa (15).

Este é o instante de agradecer a Jesus a bênção que acabamos de receber.

Beijo-os a todos, com aquele carinho que não mudará nunca.

O filho que a ama do fundo do coração

Edson

Edson Agnaldo Rosa"

Notas e Identificações

(1) *Mãezinha Áurea* – Áurea Rosa

(2) *vovô Zé* – José Rosa, avô paterno, desencarnado em 27/7/1971.

(3) *vovó Marina* – Marina Cardoso Truyts, avó materna, presente à reunião.

(4) *tio Edi* – Eddy Truyts, também presente à reunião e um dos que socorreram Edsinho depois do acidente.

(5) *vovô Deni* – Deny Truyts, avô materno, desencarnado em 12/10/81.

(6) *O papai também aqui presente, não consegue reter as*

lágrimas quando fala em meu nome. – O Espírito sentia o estado emotivo do pai.

(7) *Velho querido, deixe-me chamá-lo assim.* – Sempre muito respeitador, Edson, quando ia brincar com o pai e chamá-lo por apelidos, pedia licença. "Carequinha", "velho" eram expressões usadas em vida.

(8) *Sei que acredita no seu filho, que esclarece a partida inadiável.* – Edson diz isso, porque amigos da família desaconselhavam-na a procurar o Espiritismo, dizendo ser tudo "balela". Como vimos, Edson pede ao pai que acredite nas provas que estavam sendo descortinadas à sua frente...

(9) *Sandra* – Sandra Regina Rosa, irmã.

(10) *Geny* – Geny Rosa da Rocha, irmã.

(11) *José Roberto* – José Roberto da Rocha, cunhado.

(12) *Joyce* – Joyce Rosa da Rocha, sobrinha.

(13) *Danilo* – Danilo Rosa da Rocha, sobrinho.

(14) *Sabe, mãezinha, deram-me permissão, certo dia, e, acompanhado por Benfeitores e amigos, fui visitá-los. Brinquei com as crianças e procurei deixar em vocês a sensação de minha presença. Foi um dia em que falaram muito em mim, comentando, sem que o soubessem, minha visita.* – A mãe de Edson recorda-se perfeitamente deste dia e cita detalhes e pormenores na entrevista que com ela fizemos. Relata, também, que tiveram até a impressão de escutar o barulho que ele fazia quando chegava em casa. Quanto aos pequeninos, Sandra, a irmã de Edson, conta que sua filha Joyce, de 2 anos, às vezes não tem conseguido dormir e, na penumbra do quarto, a escuta dizer: "Agora não, tio, agora não quero brincar".

(15) *Não há necessidade de prolongar mais nossa conversa.* – Esta é uma expressão que caracterizava bem a personalidade de Edson em vida. Ele era objetivo, prático e

freqüentemente interrompia os diálogos com familiares e amigos desse modo.

***

"A senhora veio falar do seu filho, não? Ele está com a senhora. Está dizendo que foi acolhido e amparado pelo José Rosa. É o avô dele. Só que ele está dizendo que não é assim que a senhora o tratava". (Formiga)

"Eu o tratava por Zé". (D. Áurea)

"Está me dizendo que também não é assim". Formiga)

Tem razão. Eu o tratava de "seo" Zé". (D. Áurea)

"Ele confirma. E assim mesmo. Diz também que tem um cunhado que se chama José Roberto, duas irmãs e é mais ligado à mais nova. Diz ainda que tem 2 sobrinhos, um é a Joyce e o outro Danilinho". (Formiga)

Este foi o diálogo tido por D. Áurea a primeira vez que se entrevistou com o médium Eurícledes Formiga.

D. Áurea, que não era espírita, conta que teve um impacto muito grande, pois, como alguém que nunca a tinha visto, conhecia tantos detalhes íntimos da família, inclusive o fato de que só ela e o filho chamavam ao bebê de Danilinho?

No dia seguinte a essa entrevista, o Espírito de Edson pede ao médium para chamar novamente a mãe e lhe transmite o seguinte recado: "O Edson diz que a senhora conversa muito com ele em suas preces e que está pedindo para que ele fale no pai que está sofrendo muito. Não se preocupe, ele deve escrever hoje por meu intermédio e trará o consolo que a família necessita".

De fato, Edson comunicou-se e mais uma família pôde ser beneficiada pelo correio abençoado da mediunidade.

"SOU TODO UM ARCO-ÍRIS NO CÉU DO CORAÇÃO"

A reunião de mensagens deste volume já estava em fase final, quando Edson Agnaldo Rosa nos brindou com mais uma tocante carta mediúnica à mãe.

D. Áurea, engajando-se na Doutrina Espírita após as inúmeras e irrefutáveis provas que recebeu da imortalidade do Espírito de seu filho, abraçou o trabalho de consolação a outras mães que passaram pelo mesmo transe. Da Outra Dimensão da Vida, Edson, reconhecido e orgulhoso pelo trabalho encetado por ela, incentiva e colabora com o mesmo, encaminhando os Espíritos e promovendo o reencontro de familiares através do condutor precioso da mediunidade.

Na segunda entrevista que fizemos com a mãe de Edsinho, mais uma vez ela reitera o traço característico do filho em sua admiração pelo arco-íris e entrega-nos o texto em letras garrafais que o filho mantinha à cabeceira. Poderíamos por ele ter mais um indício de que muitos jovens têm o pressentimento de sua desencarnação prematura?

"Hannah, estás me ouvindo? Onde te encontres, levanta os olhos! Vês, Hannah? O sol vai rompendo as nuvens que se dispersam! Estamos saindo da treva para a luz! Vamos entrando num mundo novo – um mundo melhor, em que os homens estão acima da cobiça, do ódio e da brutalidade. Ergue os olhos, Hannah! A alma do homem ganhou asas e afinal começa a voar. Voa para o arco-íris, para a luz da esperança. Ergue os olhos, Hannah! Ergue os olhos."

"C. Chaplin"

Neste volume, como no que o antecedeu, "Olá, Amigos", o leitor irá encontrar inúmeros casos, como o de Edson, em que os jovens (principalmente os jovens) pressentem a própria desencarnação. É algo que parece distante, pois como diz Edsinho nesta comunicação, "a morte é coisa comum aos outros. A nossa parece que está sempre a milhões de quilômetros." A propósito, estes casos também foram objeto de estudo de Allan Kardec na codificação do Espiritismo. Na Revista Espírita de Março de 1958 (vol. 3), o Codificador, ao responder dúvidas de um correspondente que levantou a questão descrevendo caso pessoal, faz publicar oito perguntas dirigidas ao Espírito de São Luiz com sua costumeira objetividade e argúcia, das quais reproduzimos as mais esclarecedoras à presente passagem:

1) Quando um perigo iminente ameaça alguém, é um Espírito que dirige o perigo e quando dele escapa é outro Espírito que o desvia?

R – Quando um Espírito se encarna, escolhe uma prova; escolhendo-a, cria-se uma espécie de destino que não pode conjurar, desde que se submeteu. Falo das provas físicas. Conservando seu livre-arbítrio sobre o bem e o mal, o Espírito é sempre livre de suportar ou repelir a prova. Vendo-o fraquejar, um bom Espírito pode vir em seu auxílio, mas não pode influir sobre ele de modo a dominar sua vontade. Um Espírito mau, isto é, inferior, mostrando-lhe e exagerando o perigo físico, pode abalá-lo e apavorá-lo, mas nem por isso a vontade do Espírito encarnado fica menos livre de qualquer entrave.

4) (...) Suponhamos que no momento em que o homem passa por uma ponte esta se desmorona. Quem levou o homem a passar por esta ponte?

R – Quando um homem passa por uma ponte que deve cair é o instinto de seu destino que o leva para ela.

8) Que entendeis por "voz do instinto"?

R – Entendo que antes de encarnar-se o Espírito tem conhecimento de todas as fases de sua existência; *quando estas têm um caráter saliente, ele conserva uma espécie de impressão em seu foro íntimo e tal impressão, despertando ao se aproximar o instante, torna-se pressentimento.*

(Do Capítulo "A Fatalidade e os Pressentimentos – Instruções dadas por São Luiz) (O grifo é nosso.)

***

Foi na reunião pública do dia 26 de dezembro de 1982, que Edsinho escreveu mais uma vez à mãe pelo lápis mediúnico de Euricledes Formiga:

"Mãezinha Áurea

Você não é capaz, com toda a beleza do seu coração, de imaginar como ando feliz pelo exemplo que tem oferecido a quantos foram atingidos pela perda aparente de um filho (1), principalmente em conseqüência de acidente, não precisa ser de moto, qualquer veículo pode ser o instrumento de uma separação dessa natureza.

Mas eu dizia que ando feliz. E ando mesmo. Sou todo um arco-íris no céu do coração, em cores vivas ligando-me ponta a ponta a você, ao trabalho espiritual que decidiu realizar por conta própria e à saudade, que tem no seu filho um ninho macio para repousar sem desespero.

Eu sabia por intuição que tudo aquilo ia acontecer daquele jeito. Sabe, eu não lhe disse, mas ao sentir aproximar-se a morte eu a recebi com uma sensação de passarinho a abrir as asas coloridas de arco-celeste, pronto para voar de retorno ao bosque imenso das estrelas, onde o canto é livre e belo, porque inspirado em Deus, o Criador da Vida Eterna!

Gostaria que você levasse ao Poronga um recadinho. Aqui também temos a nossa patota, só que o barato é outro (2). Ninguém se prega no descanso, nas coisas do nada fazer (3). Há um mundo de atividades chamando a gente a esquentar os músculos da alma no trabalho do bem, que dá à cuca de quem tem boa vontade um poder de enxergar de maneira mais nítida a realidade do que somos fora daí. Por sinal, quando guiamos a vida por aí, à feição de moto, com a mesma alegria e esportividade, não pensamos que ela vai dar, cedo ou tarde, com os costados para além do túmulo. A morte é, como já ouvi alguém falar, coisa comum nos outros. A nossa parece que está sempre a milhões de quilômetros. Bolas, às vezes está a um passo. Por via das dúvidas, é melhor não esquecer certas obrigações, como, por exemplo, a principal de todas, amar ao próximo, bom e seguro investimento na Poupança do Céu.

É o que você está fazendo, velha do coração (4). Arraste o papai nesse balanço sublime e estarão enriquecendo a todos nós, a mim, às minhas irmãs, Joyce, ao Danilinho, José Roberto, toda a curriola da família e os amigos queridos.

Encontrei o Edilson e conversamos muito (5). Aprendi bastante com ele sobre tudo que andei falando por aqui.

Agora, mãezinha, os Instrutores dos trabalhos da tarde honram-me na posição de intérprete de muitos companheiros jovens aqui presentes, a fim de levar aos corações embalados pela saudade e pelo sofrimento algumas palavras de reconforto e encorajamento..

Algumas delas já receberam notícias dos seus filhos, muitos deles aqui ao meu lado, outras, porém, esperam mensagens de lembranças.

Pois bem, afirmo que estamos unidos em Jesus Cristo, rogando pela paz de todos e assegurando a vida depois da morte, a separação apenas temporária, os mesmos sentimentos de amor.

Na impossibilidade de mensagens individuais, aqui estou, o mais humilde dos que comparecem à reunião de hoje, enviando as mais doces expressões de ternura e um beijo de extremado carinho e gratidão para essas almas abençoadas feridas pela saudade.

Aí está, mãezinha, seu filho, mais uma vez agradecido a Deus por ter renascido no seu lar.

Edsinho
Edson Agnaldo Rosa"

Notas e Identificações

(1) *Você não é capaz, com toda a beleza do seu coração, de imaginar como ando feliz pelo exemplo que tem oferecido a quantos foram atingidos pela perda aparente de um filho.* Edson se refere ao trabalho desenvolvido pela mãe que, na superação da sua própria dor e integrando-se na missão consoladora da Doutrina dos Espíritos, passou a dedicar-se ao conforto de outros pais, que também se viram atingidos pela perda de seus filhos, e encaminhá-los aos trabalhos espirituais da Casa "Perseverança".

(2) *Aqui também temos a nossa patota, só que o barato é outro.* – Linguajar característico de Edsinho e seus amigos.

(3) *Gostaria que você levasse ao Poronga um recadinho. Aqui também temos a nossa patota, só que o barato é outro. Ninguém se prega no descanso, nas coisas do nada fazer.* Poronga é o amigo de Edsinho, seu xará, Edson Tsuyoshi Koga e

38 Euricledes Formiga

prontamente entendeu o recado do amigo. É que ele estava sem emprego, e, na dificuldade de arranjar um, pretendia ficar só estudando. Como vemos, Edsinho acompanha o amigo e torce por ele. Formiga, o intermediário desse correio mediúnico, não conheceu Edsinho em vida e não conhece o Poronga também.

(4) *Velha do coração* – Apelido carinhoso com que o jovem chamava em vida a mãe.

(5) *Encontrei o Edilson e conversamos muito.* Edilson Carlos Nogueira, também motoqueiro e já citado no artigo anterior.

"O PERDÃO DÁ PAZ À CONSCIÊNCIA"

Em Uberaba, no Grupo Espírita da Prece, D. Irany Wruch Parranchi recebeu a indicação do Centro Espírita "Perseverança", em São Paulo.

No primeiro dia em que lá esteve, o médium Formiga não foi, mas quando compareceu pela segunda vez, ainda estava no portão, quando o medianeiro ia descendo de seu carro e iniciou um diálogo com ela:

"A Sra. é D. Irany?"

"Sim, mas não conheço o senhor."

"Eu sei. Eu sou Formiga, trabalhador do "Perseverança", e gostaria de dizer que seu filho Amaury está do seu lado e pede para contar à senhora que foi ele quem a encaminhou para cá. Foi de acidente que ele desencarnou, não foi?

"Foi"

"Está me falando também de uma namorada. A senhora sabe de quem ele está falando?"

"Não. Ele namorou diversas".

"Está dizendo que é a Cris que o marcou mais."

"Sim. Ele gostava muito dela".

"Agora ele está falando da Vó".

"Deve ser minha mãe".

"Não. Ele está falando da "Vó gorda", com quem ele possuía mais afinidade. A senhora deve ficar para a reunião porque ele quer escrever para a senhora".

Este foi o primeiro contato de D. Irany com o médium que, na reunião, ainda iria psicografar a carta de seu filho Amaury.

O jovem morreu de acidente de moto e a mãe se lembra de algumas atitudes suas nos dias que antecederam à desencarnação, que indicam que seu Espírito já pressentia sua partida do Plano Físico.

***

Insistimos em apurar estes detalhes em diversas passagens deste livro, para mostrar que não é sem razão que os Espíritos costumam dizer que a moto foi apenas um meio para ocorrer o que já estava determinado, isto é, a viagem para o Outro Plano. É natural que alguns possam ter precipitado um acidente, mas aí trata-se de um mal aproveitamento do livre-arbítrio. O que queremos mostrar é que a maioria desses jovens que perdem a vida prematuramente, causando revolta nos pais e amigos, os quais culpam esta ou aquela pessoa, ou a sorte que lhes foi madrasta, na verdade, apenas estão fazendo parte da Programação Divina.

Para completar, diríamos que sempre ao reencarnarmos temos um tempo pré-estipulado para ficarmos na Terra, o qual poderá ser encurtado ou aumentado segundo nosso livre-arbítrio.

Na quinta-feira (ele sofreu acidente no sábado), Amaury pede à mãe:

"Mãe, posso dar uma volta no seu carro? Será a última vez que eu faço isso!"

A mãe, transtornada, replica:

"Meu filho, nunca mais repita isso! Nem por brincadeira!"

Na sexta, relata ainda D. Irany, ele trancou-se na sala e escutando a música "Love my Life" ("Amo minha Vida" – conjunto "Queen") chorou bastante, o que causou estranheza, pois Amaury era um jovem muito alegre.

À noite, nesse mesmo dia, posteriormente ela soube que Amaury também foi tomado dessa estranha tristeza e chorara na casa de seu melhor amigo, Humberto.

Mas tomemos contato com a mensagem de Amaury à sua mãe:

"Mãezinha Irany (1)

Abençoe-me

Ainda que eu escrevesse todos os dias, todas as horas, preenchesse infindáveis laudas de papel, não seria bastante para dizer da nossa saudade, do nosso amor, da necessidade de reconforto em Deus. Já obteve notícias minhas (2). Volto, desta vez pela mão de um companheiro dedicado que conquistou minha simpatia desde os primeiros instantes de nossa aproximação no lado de cá. Trata-se do nosso irmão Edson, o Edsinho, o poeta do Arco-Íris, como já é conhecido entre nós (3). Ele também chegou até aqui em decorrência de acontecimento ligado a moto.

Mas quero falar de nós, mãezinha, já estou perfeitamente, se posso exprimir-me assim, adaptado à Vida Nova, instruindo-me quanto a novos deveres no campo das atividades em nome de Jesus.

Fico feliz em constatar que seu coração anda mais calmo, sem aquela revolta, aquele desespero todo (4). Já não mais, como tanto desejei, acusa o aparente responsável pelo acidente que me separou do corpo da Terra. O pai do meu amigo não teve, é claro, nenhuma intenção de provocar o desastre (5). Tudo, Mãezinha, sem entrarmos em detalhes, tem uma razão de ser. Confiemos em Deus e aceitemos o que Ele determina. Além disso, não

Amaury Wruck Parranchi

estamos, você já sabe, separados como pensam os que ignoram a Vida Espiritual.

    Hoje veio comigo vovô Alcindo, que me recolheu naquele dia (6). Sinto-me ao lado dele bem mais seguro. Também

Motoqueiros no Além 43

devemos este auxílio ao trabalho do Edson e sua equipe de jovens motoqueiros, meus irmãos já conscientes da nova situação no Mundo Maior.

Sei que anda muito preocupada com o nosso Maurício (7). Também a nossa Marcinha (8) causa preocupações. Tudo, eu compreendo, em conseqüência do golpe que nos separou. Agradeço tantas demonstrações de amor, atestados em sofrimentos e saudades. Mas gostaria que modificassem o quadro das atitudes mentais do momento. Isto, principalmente, para que eu me sinta mais tranqüilo.

Não se inquiete. Maurício logo retomará o equilíbrio e a paz. Amigos e benfeitores estão cooperando em seu benefício, graças às nossas humildes orações ao Senhor.

Aqui, Mãezinha, tenho aprendido muita coisa. É certo que era muito jovem para compreender certas situações que a vida nos impunha. Como exemplo, cito o papai Joaquim (9). Hoje ensinam-me que o perdão é um gesto que agrada tanto a Deus, que Ele nos recompensa com uma sensação de paz na consciência.

Minha vida aí resumia-se, o que era natural, num roteiro de adolescente. Alegria, brincadeiras, estudos, amigos, namoradinhas. Por sinal, é com muita emoção que recordo aqui a nossa querida Cris (10), hoje, pelo que me diz meu avô, a minha irmã, a quem envio minha mensagem de carinho e de ternura. Assim a todos os meus colegas e meus amigos.

Como os outros que vieram pelo mesmo transporte, digo novamente que ninguém impediria meu retorno naquela hora. Não fosse a moto, uma queda qualquer, fosse o que fosse, desde que não faltasse ao chamado de Deus.

Temos conversado muitas vezes, embora não se recorde, principalmente quando sai do corpo físico durante o sono, no silêncio das noites (11). Atenuamos as saudades e nos reconfortamos.

Tenha-me, pois, assim, vivo, como estou.

Beije meus irmãos queridos e a vovó Gorda (12). Seu filho que muito a ama.

Amaury

Amaury Wruck Parranchi" (23.1.83)

Notas e Identificações

(1) *Mãezinha Irany* – Irany Wruck Parranchi.

(2) *Já obteve notícias minhas* – Amaury refere-se às comunicações que já enviou à mãe nas sessões do Lar do Amor Cristão; situado na Rua Dois de Julho, 384, São Paulo.

(3) *Trata-se do nosso irmão Edson, o Edsinho, o poeta do Arco-Íris, como já é conhecido entre nós.* – Edson Agnaldo Rosa, coautor Espiritual deste livro.

(4) *Fico feliz em constatar que seu coração anda mais calmo, sem aquela revolta, aquele desespero todo.* – D. Irany revela que depois de conhecer a Doutrina Espírita e receber as primeiras mensagens de Amaury, tranquilizou-se e passou a ter menos revolta.

(5) *O pai do meu amigo não teve, é claro, nenhuma intenção de provocar o desastre* – O acidente deu-se com o pai de um amigo de Amaury que, como vemos, é eximido de culpa. O médium Formiga não tinha conhecimento deste detalhe.

(6) *Hoje, veio comigo vovô Alcindo, que me recolheu naquele dia.* – Alcindo Alves Vila Real, avô materno, desencarnado em São Paulo a 6 de janeiro de 1963 e que Amaury não chegou a conhecer em vida.

(7) *Sei que anda muito preocupada com o nosso Maurício.* – Maurício Wruck Parranchi, 17 anos, irmão do comunicante.

Motoqueiros no Além 45

D. Irany confirma suas preocupações e diz não ter comentado nada a esse respeito com o médium.

(8) *Marcinha* – Márcia Wruck Parranchi, 15 anos, irmã de Amaury. Somente ele a chamava por Marcinha.

(9) *papai Joaquim* – Joaquim Alves Parranchi.

(10) *Cris* – Ex-namorada de Amaury.

(11) *Temos conversado muitas vezes, embora não se recorde, principalmente quando a sra. sai do corpo físico durante o sono, no silêncio das noites.* Durante o sono físico nosso Espírito desprende-se do corpo e vai para o Plano Espiritual. A este fenômeno dá-se o nome de "desdobramento", que pode ser consciente e inconsciente. Na grande maioria das vezes ele é inconsciente e, ao retornar ao corpo, a pessoa não tem senão vagas lembranças das suas vivências.

(12) *vovó gorda* — Ana Alves Parranchi, avó materna, chamada de "vó gorda" porque a outra é magra e também se chama Ana. O médium desconhecia esses detalhes.

***

A família Wruck Parranchi não era espírita, mas Amaury dizia sempre que "faltava algo dentro dele e achava que Chico Xavier poderia lhe dar isso", por isso sempre fora desejo seu conhecer o médium mineiro.

Um outro detalhe interessante da mensagem e imperceptível ao leitor é a explicação que a mãe nos dá sobre o fato de o filho não ter descrito ou se referido ao acidente. É que ele sabe que D. Irany não gosta de ler ou de ouvir falar nessas ocorrências, razão pela qual, diplomaticamente, quase não tocou no assunto.

"BANQUEI O ADVOGADO DOS IRMÃOS MOTOQUEIROS"

D. Maria Aparecida Lima Netto, inconformada com a perda do filho Ronaldo em acidente de moto, foi buscar um lenitivo a seu sofrimento junto a Chico Xavier, no Grupo Espírita da Prece, em Uberaba.

Além das palavras de ânimo e carinhosas de Chico, D. Maria Aparecida também obteve uma comunicação do filho, que muito serenou seu coração amargurado.

Na carta, psicografada na noite de 10 de julho de 1982, Ronaldo de Assis Netto, faz veemente defesa da moto como veículo de transporte e diz, entre outras coisas, "Motos são iguais aos automóveis, aos caminhões de carga, aos ônibus de transporte coletivo e também muitos carros de bois, em cujos movimentos tanta gente perdeu a permanência no corpo".

Em sua outra mensagem, desta vez psicografada por Eurícledes Formiga, Ronaldo repete a sua defesa, num linguajar quase idêntico ao da primeira carta. Tomemos contato com o pensamento de Ronaldo:

"Querida mãezinha (1)

Você sabe tudo sobre mim, após a transformação que se

Motoqueiros no Além   47

operou em seu filho, desde aquele acidente que ninguém evitaria no mundo.

Fiz tudo, em nosso primeiro contato, para retirar a impressão culposa que jogaram sobre a máquina, a minha moto, ali como se fosse o veículo do momento para a viagem inadiável.

Procurei bancar o advogado dos irmãos motoqueiros, cuja palavra soa até pejorativa, quando simplesmente está incluída no linguajar dos jovens do mundo inteiro. Já disse que há desencarnações imprevistas até em carros de boi, que o automóvel, o caminhão, a moto, a bicicleta, sei lá, não têm a responsabilidade que querem atribuir a tudo quanto é máquina na hora de nossa partida.

Ora, vamos deixar pra lá essa conversa repetida. Ao meu lado, aqui mesmo, acham-se vários motoqueiros, entre eles o Jú (2) e o Edson (3), além de muita gente que já passou os limites da juventude.

Vim mais para abrandar seu coração saudoso, insatisfeito e, embora disfarce, inconformado. Mãezinha, a Luciane (4) está dizendo a verdade. Algumas vezes tenho procurado manter contato com ela e até já me viu. Isso simplesmente quer dizer que não nos afastamos tanto como julgam (5).

Acalme o velho (6) e beije as minhas irmãs Luciane e Pat (7) e o Roberto (8), novamente lembrado e sempre será em tudo que eu escrever.

Seu filho que veio na hora certa, mas que não deixa por menos a saudade.

Ronaldo

Ronaldo de Assis Netto" (7/2/1983)

Notas e Identificações

Ronaldo nasceu em São Paulo, em 27 de setembro de 1966, e desencarnou na mesma cidade, em 5 de fevereiro de 1982.

(1) *Maria Aparecida Lima Netto,* mãe.

(2) *Moacyr Porazza Júnior,* coautor espiritual deste livro.

(3) *Edson Agnaldo Rosa* – também coautor.

(4) *Luciane Assis Netto,* irmã.

(5) *"Mãezinha, a Luciane está dizendo a verdade. Algumas vezes tenho procurado manter contato com ela e até já me viu. Isso simplesmente quer dizer que não nos afastamos tanto como julgam"* – A irmã de Ronaldo afirma ter visto o Espírito do irmão diversas vezes. Aqui ele confirma o fato e prova que os desencarnados gravitam em torno das afeições que deixaram na Terra.

(6) *Roberto de Assis Netto, pai.*

(7) *Patrícia Assis Netto,* irmã – Apenas Ronaldo a chamava por Pat, sendo o fato desconhecido pelo médium Formiga.

(8) *Roberto de Assis Netto Filho,* irmão.

***

Merece alguns comentários a frase final de Ronaldo em sua carta: "Seu filho que veio na hora certa, mas que não deixa por menos a saudade".

Como já dissemos no artigo anterior, a maioria dos jovens que desencarnam prematuramente, ao reencarnarem já sabiam do tempo curto que passariam na Terra, daí o "lugar-comum" de seus diálogos mediúnicos com os pais: "a moto foi somente o transporte".

Para o espírita, a reencarnação é uma questão de lógica, como também é lógica a liberdade relativa, que de nenhum modo condiciona nossa vida. Segundo o Espírito Emmanuel, "Determinismo e libre-arbítrio coexistem na vida, entrosando-se na estrada dos destinos, para a elevação e redenção dos homens".

O acaso, como afirma o Espiritismo, não existe. Deus governa o Universo por meio das leis harmônicas e perfeitas estabelecidas por Ele. Estas leis que igualam todos os seres, se nos impõem, e quando as contrariamos, em virtude, exatamente, da nossa faculdade de escolher (livre-arbítrio), elas nos atingem por natural reação.

A Doutrina Espírita nos ensina ainda que, vivendo num mundo onde tudo tem uma causa, a explicação para as ocorrências tão dolorosas quanto inesperadas como o são a perda de filhos prematuramente, só pode ter suas raízes no passado.

Se há em algumas ocasiões o mau uso do livre-arbítrio, e não o determinismo, é como nos explica a pergunta 843 de "O Livro dos Espíritos": "Sem o livre-arbítrio, o homem seria uma máquina".

Completando, diríamos que, determinismo e livre-arbítrio se conciliam em cada criatura, sob a ação e guarda de um terceiro fator, que é o Criador; daí esses jovens quase sempre afirmarem em suas cartas que aqui estiveram pelo tempo certo.

"A MOTO TRANSPORTOU-ME À VIDA NOVA"

A família do motoqueiro Fernando Augusto Meirinho Junior não era espírita, mas sua irmã Rose aceitou o convite de Magda, que foi namorada do jovem, para comparecer à reunião pública do C. E. "Perseverança", onde logo ao primeiro contato com o médium Eurícledes Formiga já souberam da presença do Espírito junto delas.

Intermediário entre os Planos Físico e Espiritual, o médium foi transmitindo dados pessoais da família que lhe eram fornecidos por Fernando numa entrevista inicial e, posteriormente na sessão, psicografou a interessante mensagem que se segue:

"Querida maninha Rose (1)

Você pede explicação sobre o que me aconteceu. Ainda me acho um tanto perplexo, a considerar que deixei você praticamente há poucos dias. Não fosse tanta ajuda por parte de muita gente nesta noite e eu não teria condição de escrever coisa alguma. Primeiro porque não consigo acalmar meu coração como devia, a estremecer de tanta saudade.

Quando saí a passeio com a tia Ivonete (2), só levava alegria e bastante vontade de viver. De repente, aquela pancada, como

Motoqueiros no Além

Fernando Augusto Meirinho Junior (De calção)

um pesadelo a nos abrir um mundo totalmente estranho, como se dormíssemos e passássemos a sonhar, até a separação final do corpo pesado. Não sei quem nos socorreu. Vi apenas que nos atendiam várias pessoas vestidas de branco, médicos e enfermeiras,

52   *Eurícledes Formiga*

o que nos fez pensar que estávamos sendo conduzidos para um hospital da Terra. Só mais tarde vim a saber que já não estava entre vocês, de corpo e tudo.

Ora, não é este o momento (3) de comentarmos sombriamente o acontecido. Ninguém vai mudar a nossa situação, pelo menos agora.

Entre as visitas que recebi, a que mais me comoveu foi a de papai Fernando (4) e mamãe Luzinete (5), trazidos por Benfeitores que os amparam no local onde se acham também em recuperação. Foi um encontro com muita lágrima e muito amor. Falamos de você, preocupados com suas reações diante de nossa separação. Tudo, no entanto, está correndo bem, graças a Deus.

Nossa Magda, a querida Ma (6), procura-me com o coração cheio de saudade e de carinho. Venho atendê-la hoje e agradecer à menina como me recorda em sua alma.

Querida irmã, a moto transportou-me à vida nova, como poderia ser usado outro veículo. Já foi dito por um companheiro que chegou aqui cavalgando máquina igual, que, chegando a hora, você vem até dormindo. Assim, longe a idéia de andar condenando quem quer que seja por fatos dessa natureza.

O sentido desta cartinha é mais reconfortar do que mesmo esclarecer dúvidas que não resistem ao bom-senso.

Termino, por hora, com um beijo de profunda afeição para você e Magda, que estarão sempre dentro de mim, no melhor lugar do meu coração.

Fernando

Fernando Augusto Meirinho Junior" (20/12/82)

Notas e Identificações

O jovem Fernando nasceu em São Paulo a 8 de janeiro

Motoqueiros no Além 53

de 1959 e desencarnou na mesma cidade em 3 de novembro de 1982.

(1) *Rose* – Rosimeire Lira Meirinho, 25 anos, irmã.

(2) *tia Ivonete* – Maria Ivonete Lira, tia do comunicante, também desencarnada no acidente.

(3) *Ora, não é este o momento...* – Segundo a família, esta era uma expressão muito utilizada por Fernando.

(4) *papai Fernando* – Fernando Augusto Meirinho, desencarnado em 3 de fevereiro de 1982, de enfarte do miocárdio.

(5) *mamãe Luzinete* — Luzinete Lira Meirinho, desencarnada na mesma data do marido, de câncer.

(6) *a querida Ma* – Magda Murr, namorada de Fernando.

***

Talvez possa causar estranheza, o fato desta comunicação ter vindo em tão curto espaço de tempo da partida do jovem para o Plano Espiritual, mas o médium nos informa, que através da vidência, ele vê que Espíritos nessa situação são trazidos amparados por Benfeitores Espirituais à reunião, e por eles são ajudados a escrever aos familiares queridos.

"PROCURANDO EM DEUS O AUXÍLIO QUE NÃO FALTA"

Antonio Manzini adorava sua motocicleta e chegou mesmo a sofrer grave acidente com ela, mas não foi este o meio que o transportou para o Mundo Maior, conforme a vontade do Criador, mas uma leucemia aguda e fulminante.

Alguns meses antes do desenlace, havia rompido com a noiva e há vinte e sete dias namorava Juçara de Souza Medeiros, com quem tinha uma afinidade muito grande, e a quem dirigiu as duas cartas que apresentamos neste capítulo.

Juçara relata que, apesar do curto relacionamento como namorados, eles já se conheciam há bastante tempo e que os vinte e sete dias que passaram juntos, eles os viveram com muita intensidade, como que se previssem que seriam interrompidos prematuramente.

Toninho só notou que estava doente duas semanas antes da desencarnação, mas mesmo assim trabalhou até dois dias antes, quando percorreu diversos médicos e hospitais fazendo inúmeros exames.

Juçara conta que deixou o namorado à noite internado no Hospital e de manhã foi informada de seu falecimento. Em seu

Motoqueiros no Além 55

Antonio Manzini

criado-mudo estava a cópia de uma letra da MPB que Toninho havia-lhe dado com data de 22 de julho. Dia 31 foi quando aconteceu a desencarnação e a letra guarda espantosa semelhança com o ocorrido:

"Cheguei na boca da noite,
Saí de madrugada
Eu não disse que ficava
Nem você perguntou nada
Na hora que eu ia indo
Dormias tão descansada
Respiração tão macia
Morena nem parecia
Que a fronha estava molhada
E o galo me chamou
E eu parti sem olhar para trás
. . . .
Morena se acaso um dia
Tempestade te alcançar
Não foge da ventania
Da chuva que rodopia
Sou eu mesmo a te abraçar"

     (da música "Boca da Noite", de Toquinho-Vinícius de Morais)

     Quando Toninho faleceu, Juçara, transtornada, queria ir a Uberaba falar com Chico Xavier e por isso foi ao "Perseverança" informar-se como deveria proceder. Estava desnorteada, não se alimentava, só falava em morrer para unir-se ao namorado, mas passando pela consulta com Formiga, este lhe disse: "Vamos Perseverar. Teu menino está aí." "Menino" era como Juçara o tratava e o médium conta-lhe, então, que o Espírito já havia aparecido em sua própria casa dizendo que ia se comunicar na reunião.

     Em 1º de outubro de 1981, Toninho se comunica pela primeira vez em reunião pública do C.E. "Perseverança", e data de 18 de julho de 1982, sua segunda carta.

Motoqueiros no Além 57

"Querida Ju (1)

Não me foi possível atender antes ao chamado comovente do seu coração sensível e bom.

Aqui mesmo, se estou conseguindo escrever algumas palavras, devo ao amparo de benfeitores que ouviram as minhas súplicas para chegar até você.

Eu tinha que partir naquele dia e daquela maneira, justamente a receber tanta demonstração de amor de sua parte. Deus a recompense por tudo que fez por mim.

Leve aos meus irmãos Sílvio (2) e Sílvia Regina (3) meu beijo de saudade. À mamãe Rosa (4) e ao papai Sílvio (5) a minha gratidão pelo que fizeram por mim, ensinando-me acima de tudo as lições do bem e o caminho abençoado que me levou a Jesus na formação que recebi.

A nossa Tânia (6) não fique triste, pois também reconheço que muito me proporcionou em alegria e convivência agradável.

Hoje, porém, tenho-as como duas irmãs muito queridas por quem rogo a Deus a felicidade que merecem ao lado de almas tão dignas quanto vocês.

Que a paz do Mestre Divino envolva o seu coração de amiga e irmã.

Todo o carinho e o afeto do

Toninho

Antonio Manzini"

"Querida Ju

Embora não tenha dúvidas, quero dizer-lhe que a recordo com o mesmo carinho com que me lembra em seu coração bondoso. Penso em você como uma das experiências mais belas, no campo da convivência, que o Senhor me permitiu na Terra.

Tenho estado, minha boa menina e hoje minha irmã muito amada, atento aos seus problemas, à luta que vem enfrentando, tão jovem e tão responsável. Felizmente, não lhe falta o alicerce da fé no amparo de Jesus, através de tantos Benfeitores que atraiu em seu aprendizado e em sua dedicação ao Bem nesta Casa.

Todos nós, querida Ju, atravessamos os caminhos do mundo submetidos a provas de dor, de luta, de desafios, sem o que jamais conseguiríamos conquistar a nós mesmos, na direção de Deus. Só assim evoluímos e nos despojamos do mal que transportamos de outros trajetos no tempo e no espaço. Vim hoje, porque sabia que você estava a aguardar-me de alguma maneira, a fim de trazer-lhe algumas palavras de alento. Sinceramente, é o que não lhe tem faltado, apesar de se sentir abatida, em determinados instantes. Lembre-se que é você agora a força, em nome de Jesus, que vem equilibrando a situação espiritual em seu lar, sacudido por tempestades passageiras, creia, mas, mesmo assim, de conseqüências desagradáveis. Nosso pobre irmão Bira (7) requer, antes de tudo, muita compreensão e paciência. Não é difícil detectar em seu comportamento influências infelizes, contra as quais não opõe a devida resistência. É o caso, ouso adiantar, de encaminhá-lo à orientação adequada, ao tratamento na base de passes, do envolvimento à luz do Evangelho esclarecedor. Compreendo que não é fácil convencê-lo a submeter-se a tudo isso, mas não custa tentar. De minha parte, estarei, com a ajuda de amigos e Benfeitores que me assistem, cooperando em seu favor.

Por outro lado, também é preciso ter paciência com aqueles que são os responsáveis diretos pelo seu lar, seus pais, no fundo sofrendo também em decorrência da situação do Bira .

Não se desespere, nem desanime. Prossiga, com o recurso

Motoqueiros no Além 59

abençoado da oração, procurando em Deus o auxílio que não falta, principalmente nessas horas e nos corações que não perdem a fé.

Ainda quanto a você, repito que, apesar de pouco tempo de nossa aproximação na Terra, construímos uma afeição que não diminui, mas cresce a cada dia, porque se trata de um sentimento que une almas afins. Lembre-se de tudo quanto conversávamos, na confiança que depositávamos na vida, nas pessoas, na bondade humana. Não é agora que você deve se deixar envolver pela negação de tanta coisa linda e sincera nascida de nós dois, dos nossos corações.

Uma coisa que se faz necessária: é você esforçar-se para reconstruir a sua vida. Queria vê-la feliz, ao lado de quem se faça merecedor do seu carinho e do seu afeto. Não se esqueça de que a vida continua para você e que não deve fixar-se nessa espécie de viuvez sem sentido. Somos hoje irmãos em Cristo e nada mudará para nós dois.

Jesus a fortaleça, reerga seu coração na luta e a inspire na solução de todos os seus problemas.

Seu sempre

Toninho Antonio Manzini"

Notas e Identificações

Toninho nasceu a 8 de abril de 1959, em Santo André, São Paulo.

(1) *Ju* – Juçara de Souza Medeiros, namorada de Toninho.

(2) *Sílvio Manzini Junior,* 17 anos, irmão do comunicante.

(3) *Sílvia Regina,* 16 anos, irmã.

(4) *Rosa Jerônimo Manzini,* mãe.

(5) *Sílvio Manzini,* pai.

(6) *Tânia Mara Alves,* ex-noiva, presente à reunião, mas que não chegou a ser apresentada ao médium.

(7) *Bira* – Ubiratan de Souza Medeiros, irmão de Ju.

***

Ju relata que Toninho era católico praticante e costumava lhe dizer: "Você tem que pôr Jesus dentro do seu coração"; daí entender a mensagem altamente espiritualizada que o namorado dirigiu, apenas dois meses depois da desencarnação.

Hoje, a jovem, renovada e crente da sobrevivência do espírito, é alegre integrante da Mocidade Espírita do "Perseverança".

"AJUDEMO-NOS MUTUAMENTE COM A ACEITAÇÃO DA VONTADE DO CÉU"

Herbert Arruda nasceu em Santo André a 29 de novembro de 1964 e estava completando a 8ª série do 1º grau.

Em 24 de setembro de 1982, um caminhão desgovernado colheu-o em sua Mobylette e provocou sua partida para o Plano Espiritual.

Seus pais não eram espíritas, mas receberam a visita de D. Áurea Rosa, que os levou a assistir as reuniões do C. E. "Perseverança", onde receberam a comunicação de seu filho. Eis seu texto:

"Querida mamãe Lilian, (1)

querido papai Dirceu, (2)

Há vários dias venho tentando esta aproximação, entretanto ela surge, não quando queremos, mas quando Deus quer (3).

Há muitos motivos para que eu compareça hoje, mas o papai – e eu sei que a mamãe compreende – reclama meus cuidados maiores. Sempre fomos muito ligados, aliás, não apenas eu e você, coroa querido, mas a mamãe e a nossa Liliana, a flor da casa (4). Daí ser compreensível a falta que sentem de mim, como eu sinto também de todos.

Papai, se eu pudesse merecer de você algo especial, pediria para não se entregar a essa tristeza (5), às vezes de aspecto mórbido, como se o seu filho tivesse desaparecido para sempre. Ora, como diz aqui o tio Américo (6), que me recolheu com minha avó (7), trata-se de uma separação provisória, pois, cedo ou tarde, nós nos veremos novamente, aqui, ou noutra experiência na Terra.

Naquele dia, o choque da mobilete com o pesado veículo descontrolado de nosso irmão, por incrível que pareça, fazia parte de uma programação antiga. Lamento apenas a situação aflitiva do parceiro que responsabilizaram por algo que não premeditou, mas de que foi unicamente instrumento infeliz, como poderia ser um muro, uma parede. Uma coisa é certa, o choque tinha hora e dia marcados. Vamos esquecer, porém, a situação irreversível.

Espero vê-los mais conformados, confiantes em Deus, que aprenderam a amar, não simplesmente nos templos, mas na natureza, em nossas almas iluminadas pelo amor, que é a chama da vida e que não se extingue com a decomposição do corpo pela morte, mas que prossegue no ser eterno de que somos feitos, a obra mais perfeita da Criação, o Espírito.

Mãezinha, agradeço as visitas que têm realizado ao túmulo em que depositaram meu corpo material, mas gostaria que me procurassem mais nas recordações felizes dos tempos em que vivemos juntos. Acredite que recebo todos os seus bilhetes de amor e de saudade (8), suas cartinhas de dor, seus pensamentos feitos de lembranças. Conversamos mesmo no silêncio da noite pelo pensamento e pelo coração.

Aí está, papai, por que digo que não morri. Por favor, não se deixe abater por tanto sofrimento. É natural que sinta minha ausência, como já disse, mas ajudemo-nos mutuamente com a aceitação da Vontade do Céu.

Não posso prosseguir. Meu tempo já esgotou por hoje. Quero apenas fazer-lhe um último pedido: papai, desapegue-se das minhas coisas materiais, faça doação do que é inútil aos necessitados e, sempre que puder, auxilie alguém em meu

Motoqueiros no Além 63

nome (9). É o melhor que poderá fazer pelo seu filho, no gesto que será como uma prece em meu favor.

O filho com muito amor

Herbert
HerbertArruda"

Notas e Identificações

(1) *Lilian Arruda*, mãe

(2) *Dirceu Arruda*, pai

(3) *Há vários dias venho tentando esta aproximação, entretanto ela surge, não quando queremos, mas quando Deus quer* – Há várias reuniões o Espírito comparecia para estabelecer a ponte com o Plano Físico, mas a família faltava.

(4) *A nossa Liliana, a flor da casa* – Liliana Arruda, 14 anos, irmã do comunicante.

(5) *Papai, se eu pudesse merecer de você algo espe-cial, pediria para não se entregar a essa tristeza* – Como o pensamento é força criadora e é o meio pelo qual estamos em contato com os Espíritos, é natural que pensamentos de angústia, de sofrimento atinjam aqueles a quem amamos com sofrimento. É por isso que os Espíritos insistem tanto para que pensemos neles de maneira saudável.

(6) *tio Américo* – Américo Pavanello, tio materno, já desencarnado.

(7) *minha avó* – Trata-se de uma bisavó do lado materno, de nome Ermelinda.

(8) *Acredite que recebo todos os seus bilhetes de amor e de saudade* – A mãe do jovem confirma que escreve muitas cartas e bilhetes para o filho querido.

(9) *Papai, desapegue-se das minhas coisas materiais, faça doação do que é inútil aos necessitados e, sempre que puder, auxilie alguém em meu nome.* – O pai doou a Mobylette do filho para as Casas "André Luiz", mas conserva seus outros pertences.

"CONFIANÇA EM DEUS E FÉ NO AMPARO DE JESUS"

Naquele primeiro de setembro de 1978, Eduardo Rodrigues Prado preferiu deixar o seu buggy na garagem, para pegar carona numa das motos de sua turma, que se reuniu para ir a uma festa.

No caminho, trocou de garupa e foi para a moto de Roberto Yuzi Ekemi, mas os dois não chegariam ao local do destino. O destino dos jovens era outro, segundo a vontade do Pai, e, abalroados por um automóvel, partiram para a Grande Viagem.

Então, poderia se perguntar: por que Eduardo trocou de moto? Azar? Infelicidade? É claro que não. As leis de Deus são sábias e justas e estava determinado que aquela era a hora de deixarem esta vida, conforme o próprio Espírito nos afirma.

Com esta certeza e confiança nos desígnios do Criador, foi como receberam o infausto acontecimento os pais do jovem, que confessaram que muito os auxiliaram os conhecimentos espíritas adquiridos ao longo de anos de estudo.

Antes de passarmos à carta de Eduardo, tomemos contato com o fenômeno de "metagnomia" protagonizado por D. Marlene de Figueiredo Prado, mãe do jovem desencarnado.

Logo que o jovem se despediu dos pais naquela fatídica

Eduardo Rodrigues Prado

noite, D. Marlene foi deitar-se e, num estado de sonambulismo, viu todo o acidente acontecido com o filho, inclusive o próprio Dodge de cor branca que atropelou a moto. Acordou assustada, angustiada, e não conseguiu mais dormir até que informaram sobre o ocorrido.

***

O fenômeno catalogado pela Parapsicologia por "Metagnomia" pertence ao grupo dos fenômenos mentais ou subjetivos (Psi-Gama) e, no caso presente, alguns autores poderiam enquadrá-lo sob outra denominação como clarividência, dupla vista, criptestesia, etc...

***

A mensagem psicografada em reunião pública do C.E. "Perseverança", em 25 de março de 1982, é a seguinte:

Mãezinha Marlene (1), querido papai Geraldo (2)

É como se eu retornasse de uma viagem com muitas novidades, mas compelido a restringir o tempo reservado não apenas para nós. A saudade é a emoção principal, a que faz enternecer os nossos corações de forma tão sensível! Isso é compreensível em toda separação, ainda que temporária, desde que haja amor nas almas a elas submetidas.

No entanto, sei que vocês anseiam por notícias dos dois filhos que Deus houve por bem acolher na Vida Maior, com as implicações decorrentes da vida aí, como escola por onde passamos, com bom ou relativo aproveitamento.

Mãezinha, naquele dia, quando ao lado do irmão responsável pela direção da máquina (3), tudo parecia sorrir em torno de nós, subitamente o choque veio arrebatar-nos à dimensão de uma vida nova, obedecendo a desígnios superiores. A moto era, até então, algo impossível de nos servir de transporte para o lado de cá, pelo menos naquele dia. Sofremos mais com o golpe da ausência dos entes queridos que ficaram, do que em conseqüência do que foi chamado de desastre. Tudo, porém, foi caminhando normalmente, assistidos que fomos por almas amigas que pareciam aguardar-nos no Mundo Espiritual.

Hoje, de minha parte, sinto-me como que restabelecido do impacto, em crescente adaptação às novas experiências.

Agora ouço seus corações indagando pelo nosso Ricardo (4), cuja ausência violenta causou verdadeira tempestade na vida de vocês, aos ventos das aflições quase desespero. Inicialmente, esclarecem bondosos companheiros em melhor situação do que eu, com bem maiores esclarecimentos das verdades da vida e da morte, que o gesto do nosso querido Ricardo foi, antes de tudo, induzido por infelizes adversários do pretérito, que se aproveitaram de sua fraqueza e submissão (5).

Assim foi armada a sua própria mão para o disparo imprevisto que interrompeu sua existência na Terra.

Não lhe faltaram na ocasião, sugestões de almas abnegadas, no esforço de evitar a ocorrência. Vencido, nosso rapaz partiu sem mesmo saber o que estava acontecendo. Hoje, para tranquilizá-los, posso informar que ele se encontra em recuperação numa Casa de Socorro tal como existe aí na Terra, apenas com recursos especiais, como é fácil de entender. Em tempo, ele trará suas notícias, acredito.

Está em minha companhia vovó Filhinha (6), portadora destas informações, pois me diz ser uma das enfermeiras do meu querido irmão.

Resta-nos, pois, meus queridos, a confiança em Deus e a fé no amparo de Jesus, que nunca nos esquece.

O filho com muita saudade, que pede levar um abraço ao mano Geraldo (7), que aí ficou em nosso lugar, na paz dos seus corações de amigos incomparáveis.

Edú

Eduardo Rodrigues Prado

Notas e Identificações

Eduardo nasceu em São Paulo, a 30 de janeiro de 1959.

(1) *Marlene de Figueiredo Prado,* mãe.

(2) *Geraldo Rodrigues Prado, pai.*

(3) *Naquele dia, quando ao lado do irmão responsável pela direção da máquina* – Eduardo refere-se a Roberto Yuzi Ekami, que pilotava a moto.

(4) *nosso Ricardo* – Ricardo Rodrigues Prado, irmão do comunicante, que se suicidou algum tempo após a morte de Eduardo.

(5) *(...) o gesto do nosso Ricardo foi, antes de tudo, induzido por infelizes adversários do pretérito, que se aproveitaram de sua fraqueza e submissão.* Aqui Eduardo explica as circunstâncias em que ocorreu a morte do irmão.

(6) *Vovó Filhinha* – Benedita Marques Ferreira, bisavó materna, desencarnada em 1972.

(7) *Geraldo Rodrigues Prado,* irmão.

***

Apesar de ter sido a primeira vez que comparecia ao C. E. "Perseverança" e de ter tido apenas um breve contato com o medianeiro Euricledes Formiga, D. Marlene nos confessou que a princípio duvidou desta primeira comunicação do filho e, para confirmá-la, dirigiu-se a Uberaba para o fazer com Chico Xavier.

Para sua surpresa, o filho comunica-se outra vez por intermédio do Chico, dizendo exatamente as mesmas coisas que disse na primeira mensagem. A segunda carta data de 15 de outubro de 1982, e nenhum dos dois médiuns tinha conhecimento da outra mensagem e da dúvida da mãe. Haveria prova mais contundente do que esta da autenticidade dos médiuns?

***

Antes de terminarmos este capítulo, gostaríamos de deixar registradas as palavras do pai de Eduardo quando lhe perguntamos se, como oficial de alta patente da Polícia Militar, não havia lhe ocorrido o desejo de usar seu poder e influência para castigar com rigor a pessoa que atropelou seu filho. Disse-nos o Major Prado: "Muito embora o tenha conhecido na Delegacia e tenha tido todas as oportunidades para fazê-lo pelas próprias mãos ou pela justiça, entreguei tudo na mão de Deus. Inclusive, tinha razões de sobra para incriminá-lo, porque ele apresentava sinais de embriaguez e colheu a moto na contra-mão em alta velocidade. Mas isso não iria devolver a vida de meu filho e a vingança apenas serve para nos colocar num círculo vicioso de conseqüências espirituais imprevisíveis. Confio em Deus e sei que há um tribunal do qual ele não se evadirá jamais: a própria consciência".

"MINHA MONTARIA RONCAVA ALEGREMENTE PELAS RUAS DA CIDADE"

Vagner Madona sempre foi muito bom filho e profissional exemplar. Há quatro anos estava separado da família e trabalhando na cidade de Salvador, Bahia, como técnico de refratários.

Em dezembro de 1981, ele reuniu suas economias e enviou duas passagens de avião para que seus pais fossem visitá-lo. Estes lá passaram quinze dias e em 13 de dezembro retornaram a São Paulo. No aeroporto, Vagner escolheu um livro, "Você vive depois da morte" e presenteou a mãe.

Estaria através de elaborações do seu inconsciente preparando a mãe para sua próxima desencarnação? Ou teria sido algum Benfeitor Espiritual que o intuiu a comprar este livro, muito embora a família nunca tenha se aprofundado sobre os temas "morte" e "vida após a morte"?

Não o sabemos, mas o fato é que duas conjecturas parecem válidas, notadamente porque "coincidências" do tipo desta última visita e do livro presenteado, não são aceitas como tal pelo Espiritismo, que nos esclarece que tudo tem uma razão de ser na existência humana e que o acaso não faz parte da organização harmônica do Universo.

Vagner Madona

Depois de sua desencarnação, sua mãe ficou sabendo que alguns dias antes do desastre que o vitimou, Vagner havia tido uma entrevista com uma médium de nome Regina, que o preveniu para a iminência de um acidente.

Algum tempo após, essa mesma médium comunicou-se com D. Benedita, mãe de Vagner, dizendo-lhe ter feito contato com o Espírito de seu filho, no qual ele lhe pedia diversas coisas, e lhe revelou detalhes de Vagner que nem mesmo D. Benedita tinha conhecimento.

O primeiro pedido de Vagner foi para que a mãe guardasse em seu quarto uma imagem de Santa Bárbara que ela havia dado à filha, depois de ter recebido de presente de uma ex-namorada dele. Solicitou, também, para que D. Benedita procurasse em seu maleiro uma caixa marrom e guardasse com ela para sempre o seu conteúdo, que verificou-se, depois, tratar-se de estudos rosacrucianos. Apesar de ter conservado todos os pertences do filho, D. Benedita nem sabia da existência dessa caixa. O Espírito pediu, ainda, para que a mãe apanhasse um caderno que havia ficado no escritório; e preveniu-a, por fim, para que se precatasse em determinadas situações, porque tentariam lesá-la, o que de fato aconteceu, conforme nos relatou.

Deste caderno de Vagner, extraímos um interessante texto, que bem pode ser indicativo de que ele, inconscientemente, estava sabendo de sua curta existência na terra.

"ADEUSES"

É triste despedir-se, mais triste ainda despedirmo-nos de quem gostamos.

Na verdade nossa vida é cheia de "Adeuses".

Adeus da infância, adeus da juventude, adeus da vida.

São vários os "Adeuses"; o adeus das folhas ao caírem das árvores, adeus das ondas do mar, que surgem grandes e vigorosas, para morrerem tristes e calmas em uma praia qualquer, adeus dos pássaros ao partirem para outros continentes.

Mas todos esses "Adeuses" não servem para me entristecer. Pois, mesmo que as folhas caiam, elas servirão para adubar outras árvores, mesmo que as ondas morram na praia, ressurgirão novamente em um ponto qualquer do mar, e se os pássaros partem de seu lugar de origem, levam consigo todo encanto e beleza para outros lugares. E acima de tudo, mesmo sabendo dizer adeus à vida, estou certo que ressurgirei em um lugar bem melhor

Vagner Madona

* * *

O infausto acontecimento com Vagner ocorreu quando ele, seu grande amigo, Antonio Lecival de Miranda, e as namoradas, estavam voltando da lavagem das escadarias do Bonfim, tradicional festa religiosa de Salvador, e, conforme suas palavras, sua "montaria roncava alegremente pelas ruas da cidade".

Vagner ainda viveu por mais trinta dias e, embora tenha tido alta do Hospital e ficado quase bom, dizia à mãe que "sentia que desta não passaria". De fato, complicações posteriores provocaram sua desencarnação, mas ele retorna em 11 de novembro de 1982, para confirmar à mãe a exatidão dos ensinamentos contidos no livro com o qual a presenteara, de que a morte física não aniquila a vida do Espírito.

Querida mamãe Benedita (1)

A emoção é inevitável, vendo-a aqui, com o coração repleto de saudade, a chorar por minha ausência. Apesar do sofrimento que nos atinge, vovô Francisco (2) e vovó Angelina (3), aqui comigo, esclarecem-nos que devemos, antes de tudo, aceitar a realidade sem nos deixarmos envolver pelo desespero. Naquele dia, em Salvador, eu era todo alegria, ao lado dos meus amigos, companheiros de recreação, sem suspeitar que estava próximo o instante em que iniciaria minha viagem de volta ao Mundo Maior.

Minha montaria roncava alegremente pelas ruas da cidade para, de súbito, jogar-me ao chão no choque imprevisto. Confiava em minha moto, pois era bom cavaleiro sobre ela. Mas não comandamos a vida, como às vezes pensamos. Hoje entendo que é Deus a fonte de onde emana a força maior do nosso destino.

Durante muitos dias, sofri as conseqüências do desastre (4).

Muitos julgavam que me achava a caminho da recuperação. Eu, porém, sabia, no íntimo, que estava a receber meu passaporte para a Vida Espiritual (5).

Não devemos, no entanto, recordar mais aqueles momentos que tanto nos feriram, principalmente seu coração e o do papai Rosendo (6).

Agradeço à tia Lourdes ter vindo até aqui com você, à minha procura (7). Ela, por intuição, tinha certeza de que eu compareceria.

Ao lado de vocês, continua, graças a Deus, a nossa querida Mara (8), com sua flor Juliana (9), presente do Céu para a nossa família.

Mãezinha, não chore tanto. Procure-me nas lembranças bonitas dos nossos dias felizes.

Estou, sempre que tiver a permissão de Deus, ao seu lado, ajudando-a, em tudo que possa. Sua saudade é igual à minha, como o seu amor é igual ao meu.

Envio à sua alma as mais doces recordações, com carinho e gratidão.

Seu filho

Vagner

Vagner Madona

Notas e Identificações

O jovem Vagner nasceu em São Paulo a 14 de fevereiro de 1954 e desencarnou em Salvador a 10 de fevereiro de 1982. (1) *Querida mamãe Benedita* – Benedita Madona.

(2) *vovô Francisco* – Francisco Madona, avô paterno, desencarnado em 5 de fevereiro de 1970.

(3) *vovó Angelina* – Angelina Turati Zuccheratto, avó materna, desencarnada em 5 de fevereiro de 1974.

(4)*Durante muitos dias sofri as conseqüências do desastre* – Vagner ainda viveu um mês depois do acidente, assistido pela mãe.

(5) *Muitos julgavam que me achava a caminho da recuperação. Eu, porém, sabia, no íntimo, que estava a receber meu passaporte para a Vida Espiritual.* – O Espírito confirma aqui os diálogos tidos com a mãe e o pressentimento de sua passagem para o Outro Plano da Vida.

(6) *papai Rosendo* – Rosendo Madona.

(7) *Agradeço à tia Lourdes ter vindo até aqui com você, à minha procura.* – Antonia de Lourdes Zuccheratto, presente à reunião.

(8) *nossa querida Mara* – Mara Madona Soaia, irmã.

(9) *com sua flor Juliana* – Juliana Soaia, sobrinha, e que nasceu quando Vagner estava acidentado, proporcionando grande alegria a este.

***

Quando recebeu esta mensagem, havia sido a primeira vez que D. Benedita compareceu ao "Perseverança" e não teve qualquer contato com o médium Eurícledes Formiga. Nem precisaria. O médium é apenas um instrumento e o Alto é que tem os seus critérios para determinar os Espíritos que se comunicarão na sessão.

"BASTA QUE ME LEMBRE NO SEU CORAÇÃO"

A Yamaha 125 estava "auê" e pronta para "dar um rolê" no sábado à noite. Betinho havia passado a manhã toda lavando e cromando a "máquina" para a "curtição" costumeira.

Mas não haveria passeio àquela noite. Um amigo seu, Paulo, pede para dar uma volta na moto e, mesmo ante o olhar reprovador da mãe, Betinho cede e "dá um cavalo". Para sua infelicidade, Paulo era um "jantão" e ainda saiu "abrindo o gás" e fazendo "pressão" às meninas da rua, para logo depois os dois "levarem um chão".

Paulo não sofreu nada na queda, mas Betinho foi atirado longe, vindo a falecer poucas horas depois.

Roberto Ams era filho único e, por isso, a solidão era o tema preferido de seus rabiscos literários. Pedia insistentemente à mãe que adotasse um filho, mas esta se dizia desanimada e com idade demasiada para tal, e foi só quando perdeu Betinho é que se encorajou a procurar uma criança para adoção.

Pouco mais de um mês da partida de Betinho para Outra Dimensão da Existência, ela, sem saber explicar como, viu-se não com um, mas com dois filhos adotivos, o que a levou a reflexionar, conforme nos confessou: "Será que existe Deus? Se

Roberto Ams

existe, foi Ele que me colocou essas crianças no caminho, que irão ajudar a amenizar a dor da ausência de meu filho!".

Betinho desencarnou em São Paulo a 3 de maio de 1975,

78   *Eurícledes Formiga*

e em 22 de julho de 1982, serve-se da mediunidade de Formiga para enviar a seguinte mensagem à família:

"Mãezinha Luzia (1), papai Michael (2) Tanto quanto vocês sofro por nossa separação. No entanto, é preciso acreditar que obedecemos à vontade de Deus em primeiro lugar. O fato de ter regressado tão jovem ao Mundo Maior não significa que tenha vindo antes do tempo.

Naquela tarde, completava minha jornada no mundo. A moto foi o motivo ou, se quiserem, o instrumento de que se valeu o destino, no entender de vocês, para que se cumprisse o inevitável.

Mãezinha, é a você principalmente que me dirijo nesta noite, a fim de fazer um apelo de filho que muito a ama. Rogo ao seu coração não mais dirigir ao nosso desditoso Paulo culpa alguma pelo acidente. O fato de eu vir de carona na máquina e só a mim ter acontecido tudo aquilo, simplesmente quer dizer que estava escrito. Ele nada sofreu, aparentemente, pois no íntimo, até agora, acha-se fortemente atingido em sua alma e em sua consciência a condenar-se pelo ocorrido, quando apenas dele participou por razões que não me cabe discutir ou comentar. Retire qualquer acusação em torno do meu amigo e nosso irmão e isso muito contribuirá para a paz do meu coração (3).

Ainda quero pedir-lhe, mãezinha querida, que não se prenda tanto às lembranças materiais que me recordam no lar, roupas, objetos de uso pessoal, etc. Muito aconselhável seria que, em meu nome, fizesse doação do que me pertenceu aos nossos irmãos carentes, com frio e sem agasalho (4). É a caridade, em nome de Jesus. Eu já não preciso mais dessas coisas. Basta que me lembre no seu coração, doce santuário de amor do qual, tenho certeza, nunca sairei (5).

Mãezinha Luzia, você não esqueceu quantas vezes eu lhe

pedi para que adotasse um irmãozinho, a fim de me fazer companhia em nossa casa. Hoje, com emoção e alegria, vejo que atendeu o meu pedido. E aí temos, não um, mas dois irmãos queridos em nosso lar (6). Com que júbilo o senhor nos ilumina o caminho hoje, nesses dois corações ao nosso lado.

Quanto ao papai, é de comover a demonstração de fé e de coragem que tem dado. Beijo sua alma abençoada, com a maior gratidão e muito amor.

Espero que atenda os pedidos que aqui lhe fiz, ainda mais quando agora endossa meus apelos o vovô Cassimiro (7), que me recolheu no dia em que aqui cheguei.

Seu sempre com muita saudade.

Betinho

Roberto Ams"

Notas e Identificações

Roberto Ams nasceu em São Paulo a 26 de fevereiro de 1959.

(1) Luzia Ams, mãe.

(2) Michael Ams, pai.

(3) *Rogo ao seu coração não mais dirigir ao nosso desditoso Paulo, culpa alguma pelo acidente. O fato de eu vir de carona na máquina e só a mim ter acontecido tudo aquilo, simplesmente quer dizer que estava escrito. (...) Retire qualquer acusação em torno do meu amigo e nosso irmão e isso muito contribuirá para a paz do meu coração.* – Betinho pede à sua mãe para que deixe de tentar punir seu amigo pelo ocorrido.

(4) *Muito aconselhável seria que, em meu nome, fizesse doação do que me pertenceu aos nossos irmãos carentes, com frio e sem agasalho.* – Aqui, o comunicante solicita a D. Luzia que se

desapegue um pouco do que lhe pertenceu e doe seus pertences àqueles que necessitam. Sábio conselho do Espírito.

(5) *Basta que me lembre no seu coração, doce santuário de amor do qual, tenho certeza, nunca sairei.* – Sem dúvida, conforme exortação evangélica, "onde estiver teu tesouro, aí estará teu coração" e temos, como Betinho, a certeza de que essa mãe traz o filho no coração. Não há necessidade de objetos ou manifestações exteriores para dirigirmos bons pensamentos àqueles que amamos.

(6) *Mãezinha Luzia, você não esqueceu quantas vezes eu lhe pedi para que adotasse um irmãozinho, a fim de me fazer companhia em nossa casa. Hoje, com emoção e alegria, vejo que atendeu o meu pedido. E aí temos, não um, mas dois irmãos queridos em nosso lar.* Betinho refere-se à adoção feita pela mãe, detalhe este desconhecido pelo médium Formiga. Os filhos adotivos são Josimar e Fabiane Ams.

(7) *vovô Cassimiro* – Cassimiro Bukos, avô materno, desencarnado há 45 anos.

D. Luzia já havia tentado falar com Chico Xavier no Grupo Espírita da Prece, em Uberaba, mas não conseguiu o intento.

Posteriormente, indicam a ela o "Perseverança", onde na primeira vez que foi, recebeu a consoladora mensagem.

Notemos a alegria do Espírito pela presença em seu lar dos irmãozinhos adotados pela mãe, algo pelo qual ele tanto havia lutado em vida.

O Espiritismo não aceita o acaso em nenhum momento de nossa existência. Tudo tem sua razão de ser e seu instante apropriado. Este também foi o caso da família Ams. Era mister receber em seu lar estes dois Espíritos, que reencarnaram no tempo exato a vir fazer parte do grupo familiar, muito embora tenham nascido de pais diferentes.

"CONFIAR EM DEUS"

A paixão de José Antonio Tenório era sua motocicleta Harley-Davidson 125 cc. e toda máquina que lhe surgisse à frente, tanto que escolheu uma profissão que o deixasse mais próximo delas: mecânico de motos.

Naquele dia, 14 de janeiro, seu patrão deu-lhe uma incumbência e pediu que ele fosse rápido, pois era fim de expediente. Muito embora zeloso e precavido, ele "abriu um pouco o gás" e, por infelicidade, foi colhido por um automóvel num acidente de graves proporções para si.

Internado às pressas no Hospital das Clínicas, doze dias mais tarde ele viria a desencarnar.

Um dia antes que isso ocorresse, singular episódio passou-se entre ele e o irmão Sérgio. Este, penalizado pela situação de José Antonio, orou com muito fervor à sua cabeceira, e mesmo diante de sua inconsciência disse em prantos: "Toninho, eu quero que toda a energia que possa te dar saia de mim e vá para ti, pois quero te ajudar a levantar!"

Em seguida, Sérgio sentiu uma grande energia sair de si, notou um clarão no quarto e desmaiou.

* * *

Quando desencarnou, Kardec esboçava uma obra que tra-

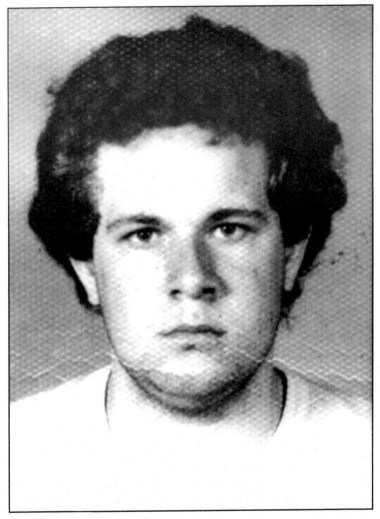

José Antonio Tenório

taria das relações entre o Magnetismo e o Espiritismo. De qualquer forma, o que ele deixou escrito no "Livro dos Espíritos" e o que foi publicado posteriormente em "Obras Póstumas" são ótimas contribuições para que possamos estudar o caso presente.

Diz ele em "Obras Póstumas": "A faculdade de curar pela imposição das mãos deriva evidentemente de uma força excepcional de expansão, mas diversas causas concorrem para aumentá-la: a pureza de sentimentos, o desinteresse, a benevolência, o desejo ardente de proporcionar alívio, a prece fervorosa e a confiança em Deus; numa palavra: todas as qualidades morais. (...) A prece, que é uma verdadeira evocação, atrai os bons espíritos, sempre solícitos em secundar os esforços do homem bem-intencionado (...)"

Como podemos notar, Sérgio reuniu, com a emoção do momento, as condições propícias para a liberação de energia. Por não estar habituado e não conhecer o magnetismo e o mecanismo que gera essa liberação, houve uma super-doação que o exauriu fisicamente e produziu o desmaio; assim como se abríssemos em demasia uma torneira e a pressão da água expulsasse a válvula controladora desta.

A doação energética de Sérgio, como sabemos, não curou o irmão, no entanto, não temos dúvida que muito o auxiliou no momento, pois, embora inconsciente, a energia atingiu seu alvo.

O próprio Evangelho é pródigo em referências às magnetizações do Cristo e dos apóstolos. Selecionamos breve passagem encontrada em Lucas, Cap. VIII, v. 43 a 48 que traz cristalino exemplo. O grifo é nosso:

"Uma mulher, que por doze anos estava padecendo de uma hemorragia, e a quem ninguém podia curar, chegando-se por detrás, tocou-lhe a fímbria da capa; e imediatamente cessou a sua hemorragia. Perguntou Jesus: Quem me tocou? Negando-o todos, disse Pedro: Mestre a multidão te aperta e te oprime. *Mas Jesus disse: alguém me tocou, porque percebi que saíra de mim uma virtude.* A mulher, vendo-se percebida, veio, tremendo, prostrar-se diante dele e declarou na presença de todo o povo o motivo porque o havia tocado e como fora imediatamente curada. Ele disse: Filha, a tua fé te curou; vai-te em paz".

***

84   *Eurícledes Formiga*

Em 3 de junho de 1982, Eurícledes Formiga recebe do jovem motoqueiro José Antonio a seguinte comunicação para seus pais:

"Querida mãezinha Carmem (1), querido papai Antonio (2) A moto foi apenas o meio de transporte que me foi conferido a fim de retornar ao Mundo Maior, depois de haver cumprido a etapa da vida pela qual me responsabilizei na recente experiência na Terra. Não houve imprudência, nem erro de cálculo na direção do veículo que me colheu.

Só após a ocorrência, certifiquei-me de que terminara ali minha viagem no mundo. Não culpemos ninguém (3).

Vovô Antonio (4) veio comigo e me auxilia, com sua experiência e seu amor.

Vejo aqui, com muita alegria e emoção minha tia e madrinha Nilce (5), de cujo coração me chegam tantas vibrações de afeto e de saudade.

Mãezinha, você tem sido forte, apesar de tudo, e outra não pode ser sua atitude diante da vontade de Deus. Sérgio (6) e Beto (7) aí estão para ampará-la no mais sincero amor de filhos, como eu daqui, com auxílio de Benfeitores que me orientam os passos na Vida Nova, em que ingressei de forma tão inesperada, mas inevitável.

Resta-nos a todos confiar em Deus, diante do que nos ensinam aqueles que são os fiéis intérpretes dos ensinamentos de Jesus na Terra e aqui.

Recebam o beijo carinhoso do filho com a mesma saudade que toma conta dos seus corações.

José Antonio Tenório"

Notas e Identificações

José Antonio nasceu a 12 de agosto de 1959, em São Paulo, e desencarnou em 26 de janeiro de 1982, na mesma cidade.

(1) *Querida mãezinha Carmem* – Carmem Tenório.

(2) *querido papai Antonio* – Antonio Tenório.

Motoqueiros no Além 85

(3) *"Não houve imprudência, nem erro de cálculo na direção do veículo que me colheu. Só após a ocorrência, certifiquei-me de que terminara ali minha viagem no mundo. Não culpemos ninguém".* – Aqui, a preocupação do Espírito em pedir para que os pais não nutram sentimento de rancor com a outra parte envolvida no acidente. Mas não houve necessidade; o sr. Antonio, espírita, soube aceitar resignado a ocorrência, tendo inclusive ido consolar e assistir a pessoa que colheu a moto de Toninho. A responsabilidade espírita cristã permite que seu profitente construa uma fortaleza moral capaz de sobrepujar a sua própria dor e, no exercício pleno do perdão, socorra aquele que fora o instrumento de seu infortúnio. Tal a situação exemplar do sr. Antonio Tenório.

(4) *Vovô Antonio* – Antonio Utrera Molina, avô materno, desencarnado a 20 de setembro de 1980, em São Paulo.

(5) *"Vejo aqui, com muita alegria e emoção minha tia e madrinha Nilce".* – Nilce Lucília Utrera, que ajudou a criar o jovem.

(6) *Sérgio* – Sérgio Tenório, 21 anos, irmão.

(7) *Bete* – Elisabete Utrera Tenório, 19 anos, irmã.

✳✳✳

A mãe de Toninho relata que quando perdeu o filho sentiu um forte desejo de ir buscar consolação junto a Chico Xavier, mas ficou sabendo que estava muito difícil falar com o médium mineiro e que ele próprio estava encaminhando pessoas para a Casa "Perseverança".

Foi aí que, primeiramente, procurou D. Guiomar, a Dirigente, e, posteriormente, o médium Formiga. Após assistir a cinco reuniões, conseguiu a tão esperada comunicação com seu filho.

Um fato interessante marcou o desenlace de José Antonio. É que ele faleceu exatamente um ano após seu primo e amigo Eliorefe Bezerra Tenório (Eli) no mesmo quarto do mesmo Hospital. Coincidência?

"A MOTO FOI O INSTRUMENTO QUE ME JOGOU PARA UMA NOVA DIMENSÃO DA VIDA"

Nos últimos domingos de cada mês, às 10 horas da manhã, no C.E. "Perseverança", são realizados encontros com cerca de 200 pais e mães que perderam filhos. Nelas, o grupo se dedica ao estudo do Evangelho, ora junto por seus filhos e traça diretrizes para os diversos trabalhos assistenciais e visitas que realizam.

Na reunião do dia 28 de novembro de 1982, o médium Formiga nota a presença de dois jovens motoqueiros que lhe dão seus nomes e todos os dados familiares. Um desses jovens era Milton Araujo Gonçalves Junior, cujos pais não estavam presentes e não se conseguiu localizá-los, embora uma das famílias presentes os conhecessem.

No dia seguinte, eles são avisados e comparecem à sessão pública, onde o filho querido serve-se da mediunidade de Eurícledes Formiga para consolá-los através de uma carta.

Antes de apresentá-la, falemos um pouco do jovem. Milton cursava o 2º ano de Direito e tinha uma agência de publicidade. O traço comum aos outros jovens deste livro é que tinha paixão por motocicleta, apesar de ter sofrido acidentes sérios. Em setembro

Milton Araujo Gonçalves Junior

de 1980, disse aos pais que aquele era o dia mais feliz de sua vida, porque tinha arrumado uma namorada morena e que no Natal a apresentaria a eles. E o fez: a namorada era uma Yamaha 125 cc., de cor marrom.

Em 1º de junho de 1981, sofreria o acidente que o levaria à desencarnação cinco dias após.

Quando acompanhava o filho que estava na U.T.I. do Hospital, o sr. Milton olhou o relógio e constatou: passavam 15 minutos da meia-noite. Nisso teve uma estranha visão: viu uma longa estrada e, ao final dela, uma cruz e um manto. Depois, observou que chegava uma Entidade luminosa, apanhou-os e levou-os dali, provocando-lhe a seguinte reflexão: meu filho é uma criatura privilegiada, porque o próprio Deus veio buscá-lo. Posteriormente, a luz da visão foi gradativamente diminuindo até que se apagou por completo. Assim que a visão desapareceu, a enfermeira veio informá-lo que seu filho deixara de respirar e por isso tivera que lhe colocar respiração artificial. O pai sentiu, então, naquele momento, que Miltinho realmente deixaria este Plano.

Passemos à carta de Miltinho, psicografada em 29 de novembro de 1982:

"Querida mãezinha Wilma (1), querido papai Milton (2)

A estrada luminosa que o papai divisou em sua mediunidade, quando ainda me achava internado no Hospital, era o prenúncio da senda nova a abrir-se para mim, que regressava ao Mundo Maior, após haver cumprido o período que me cabia viver na Terra na recente experiência (3).

Quando a moto se chocou com a máquina maior naquela madrugada, transformou-se em instrumento que me jogava, como uma catapulta, a uma nova dimensão de vida (4). Não quis acreditar de imediato no que estava acontecendo. Vi-me fora do corpo, mas a ele ainda ligado, como se estivesse sonhando, sem ter idéia alguma de morte. Foi tudo tão rápido e violento, que não doeu, mas apenas sacudiu-me estranhamente, como se eu me dividisse em dois, mais eu no que flutuava.

De repente, alguém se aproximou e me reconduziu levemente ao corpo, onde entrei em torpor, para saber mais

Motoqueiros no Além

ISTO É O QUE EU DESEJO DA VIDA:

Objetivos imediatos

- MOTO 125 cc.
- UMA MORENA
- DE OLHOS VERDES
- QUE NÃO ME TRAIA,
- SAÚDE E LONGA
- VIDA PARA MEUS.
- QUE EU EU PASSE
- TODOS OS SEMES-
- TRES DA ESCOLA.
- QUE EU PASSE
- NESSE CONCURSO
- QUE IREI PRESTAR
- QUE MEUS INI-
- MIGOS FIQUEM AS
- MEUS AMIGOS
- OU ENTÃO
- QUE NÃO FIQUEM
- ME SECANDO.
- ESTABILIDADE
- NO TRABALHO.
- QUE MEU PAI
- ACEITE A IDÉIA
- DE COMPRAR
- ESSA MOTO.

16   125

Objetivos finais

- QUE A TERRA
- FIQUE EM PAZ,
- SEM GUERRAS.
- VOU SER O ME-
- LHOR DOS ADVO-
- GADOS.
- EU SOU ME-
- LHOR DO QUE
- AS PESSOAS QUE
- JULGO SEREM
- MELHOR DO QUE
- EU.
- MINHA FAMILIA
- TODA TERÃO
- VIDA LONGA E
- SAÚDE.
- VOU SER ME-
- LHOR DO QUE
- TUDO E QUE
- TODOS, ADIAN-
- TANDO PRIMEIRO
- O MEU LADO E
- DEPOIS O DOS
- OUTROS.

Texto encontrado nos pertences de Miltinho depois de sua desencarnação.

90 Euricledes Formiga

tarde que era o sono do coma. No Hospital, por alguns instantes, despertava espiritualmente, e observava os movimentos de todos, atônito e surpreso.

Quando da separação final, levaram-me para bem longe e não vi mais nada por muito tempo. Permaneci assim por longos dias em hospital de recuperação, onde a par do tratamento que nos recupera as forças, recebemos palavras de esclarecimento, de ânimo.

Hoje, já me sinto readaptado, com muita saudade, sentimento que dói tanto aqui como aí. Não há diferença. Lembro a nossa casa, nossos amigos, nossos parentes queridos. Minha irmã Rosana (5) envia-me pensamentos de amor e lembranças carinhosas, que têm sabor de verdadeiras preces para o meu coração (5).

Assim também vó Cema (6), vovô Eugênio (7) e vovó Mariquinha (8), todos enfim.

Seu filho, como está comprovado, mãezinha, está vivo e continua com pouca diferença do que era ao lado de vocês.

As vezes em que registram minha presença, realmente aí estou, por graça da bondade de Deus, que nos socorre quando a saudade fere fundo.

Por hoje, é só. Quando puder voltarei.

Jesus nos abençoe.

seu filho

Miltinho

Milton Araujo Gonçalves Junior

Notas e Identificações

Miltinho nasceu em São Paulo a 19 de novembro de 1958 e desencarnou na mesma cidade em 5 de junho de 1981.

(1) *Querida mãezinha Wilma* – Wilma Salviati Gonçalves.

(2) *querido papai Milton* – Milton Araujo Gonçalves.

(3) *A estrada luminosa que o papai divisou em sua mediunidade, quando ainda me achava internado no Hospital, era o prenúncio da senda nova a abrir-se para mim, que regressava ao Mundo Maior, após haver cumprido o período que me cabia na Terra, na presente experiência.* Miltinho confirma a visão que o pai teve no exato momento em que sua respiração parou.

(4) *Quando a moto se chocou com a máquina maior naquela madrugada, transformou-se em instrumento que me jogava, como uma catapulta, a uma nova dimensão da vida.* – O pai do jovem nada havia contado ao médium sobre as circunstâncias em que havia ocorrido o acidente, e comprova que o filho realmente foi atirado vários metros adiante, como uma catapulta.

(5) *Minha irmã Rosana envia-me pensamentos de amor e lembranças carinhosas, que têm sabor de verdadeiras preces para o meu coração.* – A irmã, Rosana Gonçalves, de 21 anos, confirma a constância de suas preces para o irmão.

(6) *vó Cema* – Iracema Salviati, avó materna.

(7) *vovô Eugênio* – Eugênio Salviati, avô materno.

(8) *vovó Mariquinha* – Maria Araujo Gonçalves, avó paterna.

O jovem Milton deixou registrado em vida, a obsessão que tinha por motos, como podemos comprovar no texto que reproduzimos na página ao lado.

"DIMENSÕES DA SAUDADE"

A Honda 125 cc. era o meio de transporte utilizado pelo jovem Paulo Fernando Bastos no trabalho.

Era cuidadoso e "manero" na condução do veículo, mas mesmo assim não pôde evitar o choque com um carrinho de ferro-velho que, imprudentemente, surgiu-lhe à frente.

No volume "Olá, Amigos", consta a primeira comunicação deste motoqueiro aos pais e maiores explicações do acidente. Em sua segunda mensagem psicográfica, ele assim diz a ela:

"Mãezinha Laura (1)

Sua saudade tem as dimensões da minha, acredite. No entanto, nem sempre podemos comparecer, pois aqui a disciplina é fator dos mais importantes para a nossa paz e nosso reequilíbrio.

Tenho aprendido muita coisa, trabalhado e estudado, em função da nova situação a que fui chamado.

E a Lei Divina. Você sabe, melhor do que ninguém, quanto Deus tem sido generoso para todos nós, facultando-nos recursos preciosos, a fim de que reencontrássemos a serenidade e a confiança.

Sou muito reconhecido à nossa querida Célia (2) e à nossa

Paulo Fernando Bastos

sempre lembrada Rose (3), pela presença nesta Casa, numa manhã tão clara como o amor que ilumina os nossos corações.

Vejo que a Rose reajusta-se aos poucos à nova posição.

Fomos colocados na distância aparente por vontade do Céu e devemos ser obedientes.

É tempo mesmo de se preocupar com a reconstituição de sua vida (4). Faço o que me cabe com o amparo de benfeitores amigos, para ajudá-la. Ela hoje é minha irmã, tão querida quanto Célia.

Mãezinha Laura, paizinho Paulo (5), meu beijo carinhoso. Abracem por mim o nosso Armando (6).

Sou sempre seu filho

Paulo

Paulo Fernando Bastos" (29/8/82)

Notas e Identificações

(1) *Mãezinha Laura* – Laura Rodrigues Bastos, mãe.

(2) *à nossa querida Célia* – Célia Marina Bastos Esteves, irmã.

(3) *e nossa sempre lembrada Rose* – Rosângela Centrin Riondth, namorada de Paulo durante 7 anos.

(4) *É tempo de preocupar-se com a reconstituição de sua vida* – Paulo aconselha, aqui, à sua ex-noiva, a reconstruir seu destino, desvinculando-se e transformando a relação dos dois em amor de irmãos.

(5) *paizinho Paulo* – Paulo Bastos, pai.

(6) *Abracem por mim o nosso Armando* – Armando Esteves Junior, cunhado.

Paulo Fernando Bastos nasceu em São Paulo, a 24 de outubro de 1957 e desencarnou também em São Paulo, a 29 de maio de 1981.

"MEU CAVALO DE FERRO VENCENDO FOSSE O QUE FOSSE"

D. Antonia Trinidad Conde não era espírita, mas tinha plena convicção de que, se visitasse Chico Xavier, poderia obter um pouco de alívio para a dor que sentia por ter perdido seu filho, Elias Trinidad Conde, em acidente de moto.

No entanto, na semana em que iria viajar para Uberaba, um vizinho seu indicou para que ela procurasse uma pessoa espírita de suas relações que, por sua vez, apresentou-a a um amigo que a aconselhou a comparecer numa reunião do C.E. "Perseverança". Inteligentemente, D. Antonia refletiu consigo mesma, que o fato de ter movimentado tanta gente que nem conhecia não poderia ser por coincidência e, portanto, resolveu ir ao Centro.

Nesta Casa, que assim como o Grupo Espírita da Prece, em Uberaba, tem proporcionado muito consolo e apoio a inúmeros pais que vêem partir seus filhos queridos em tenra idade, D. Antonia pôde receber a confirmação de que seu filho permanece vivo através de esclarecedora mensagem enviada pela psicografia do médium Formiga. Foi a primeira vez que D. Antonia compareceu ao "Perseverança".

"Querida mamãe Antonia (1)

Elias Trinidad Conde

Muita gente poderá estranhar esteja eu escrevendo, depois de tão pouco tempo de minha partida. É verdade que mãos amigas guiam-me nesta comunicação, esclarecendo pontos que desconheço e fortalecendo-me na escrita sob emoção natural.

Não é fácil, de um momento para outro, como ocorreu comigo, dar um salto grande como dei, quero dizer, largar o casaco pesado de carne e de repente passar a flutuar como se fosse feito de algodão, igualzinho como em certos sonhos. Pois foi assim, após o impacto que me tirou da moto, que sempre dominei com segurança, e jogou-me para além da vida, num Plano que me parecia tão distante de mim naquele dia.

Nosso Moisés (2) tem razão, quando afirma que eu dominava, seguro, meu cavalo de ferro corredor pelas vias da cidade, vencendo fosse o que fosse, como dono das rédeas e da direção. O negócio é que havia chegado o fim das minhas voltas por aí. Estava concluído o meu tempo na Terra, pelo menos é o que dizem amigos aqui, entre eles vovó Antonia (3), que tem sido você do lado de cá, com muito carinho e muito amor.

Importa agora é afirmar que ninguém deve ser acusado pelo acidente que nos separou. Se assim aceitarem, estarão me ajudando mais do que possam pensar.

Mãezinha Antonia, papai Emílio (4), estão com vocês nos caminhos do mundo nosso Moisés e o nosso Marco (5), necessitando de amparo como eu, apenas eles ainda mais, pois prosseguem na Terra a luta, o batente e o aprendizado, dos quais é impossível alguém fugir, por mais preguiçoso que seja.

Sou agradecido ao nosso amigo José Pina (6) e aos companheiros que a orientaram até esta Casa, a fim de que pudéssemos manter este reencontro de saudade.

Quero ainda agradecer a quantos me recordam com o carinho de amigo e colega de patota, a turma alegre que precisa saber que não morri, que ando por aqui, se bem ainda um tanto baratinado com a mudança, sem temer o que se passa ao meu redor. Disseram basta e eu parei de rodar no mundo. Não dancei, porém, tudo estava perfeitamente traçado e eu não tinha outra atitude a tomar senão obedecer.

Isso de falar em moto como causadora de minha morte, ou culpar o parceiro que se chocou comigo, é puro desvio da verdade. Naquele dia, se não houvesse moto, eu poderia ter escorregado numa casca de banana ou fundido a cuca no meio fio, ou noutra coisa qualquer.

É isso, Moisés, quando a hora chega é dá cá o passaporte e vamos lá que já me esperam.

Aguardemos outro momento em que eu disponha de mais tempo para escrever e darei notícias mais detalhadas.

Moisés, diga às minhas queridas amigas, principalmente Sílvia (7), que não guardo delas senão lembranças agradáveis do nosso convívio.

Mamãe querida, beijo suas mãos e rogo sua bênção e do papai Emílio.

Aqui fico. Até logo.

Leli

Elias Trinidad Conde" (20/12/1982)

Notas e Identificações

Elias nasceu em 12 de março de 1963, na cidade de São Paulo, e desencarnou na mesma cidade, em acidente de moto, no dia 17 de outubro de 1982.

(1) *Antonia Trinidad Conde,* mãe.

(2) *Moisés Trinidad Conde,* 22 anos, irmão.

(3) *vovó Antônia* – Antônia Villanueva, avó materna, desencarnada há 18 anos.

(4) *Emílio Trinidad Mancha,* pai.

(5) *Marcos Trinidad Conde,* 16 anos, irmão.

(6) *José Pina,* o vizinho que iniciou a corrente que levaria D. Antonia ao "Perseverança".

(7) *Sílvia Vila Nova, 16* anos, amiga do comunicante.

***

Este foi um dos casos mais belos que presenciamos no C.E. "Perseverança".

D. Áurea Rosa, mãe do jovem Edsinho, coautor espiritual deste livro, desde que se encontrou na Doutrina Espírita e conseguiu aceitar com resignação o retorno do filho ao Plano Espiritual, dedica-se a consolar famílias que, como ela, enfrentam esta prova. Assim, quando lê no jornal notícias de jovens desencarnados em desastres de motocicletas, coloca o nome dessas pessoas e das famílias em suas orações e pede para que o filho ajude a socorrê--los. Muitas vezes, quando a oportunidade se oferece, ela os visita levando uma palavra de conforto.

O motoqueiro Elias era um dos que se encontravam nas vibrações de D. Áurea, e quando foi lida no Centro a mensagem do jovem, a emoção tomou conta da mãe de Edsinho, principalmente depois de ter sabido da "estranha" forma como D. Antonia chegou ao "Perseverança".

A todos ficou patente o "dedo" de Edson Agnaldo Rosa nesse encaminhamento todo, nos fornecendo mais uma prova da atuação dos Espíritos em nossas vidas bem como da eficácia da prece.

"PARTI NO INSTANTE EXATO E COMO HAVIA ESCOLHIDO"

João Batista Sant'Anna desencarnou em acidente de moto em Santos, no dia 3 de junho de 1982. Em setembro do mesmo ano, Rita de Cássia, sua esposa, dirigia-se à Uberaba buscando receber consolo e orientação junto a Chico Xavier. Não conseguiu falar com o médium mineiro, mas lá lhe indicaram o C.E. "Perseverança", em São Paulo, ao qual ela veio recorrer.

Teve uma rápida entrevista com Eurícledes Formiga, a quem forneceu o nome e a data da desencarnação do marido e, na segunda vez que compareceu ao Centro, recebeu as notícias ansiadas de João Batista.

O detalhe pitoresco dessa reunião, é que o médium já havia encerrado sua atividade psicográfica e a sessão já estava em sua prece final, quando o Espírito insistia com o médium para dizer apenas algumas palavras à esposa querida. O médium acedeu e D. Guiomar Albanese, dirigente da reunião, percebendo o que se passava, prolongou um pouco mais a sessão até que o Espírito fosse atendido, razão pela qual a mensagem é breve. Tomemos contato, pois, com ela:

João Batista Sant'Anna

"Querida Rita (1)

Deus a recompense pela coragem, pela fé e pela confiança demonstrada, desde a minha partida, de forma tão brusca e inesperada.

Você deseja esclarecer as circunstâncias de minha morte física (2). Não é hora de comentar, mas aceitar o que Deus determinou, sem suposições que apenas confundem e angustiam. Só uma coisa é certa: parti no instante exato e como havia escolhido (3).

Beijo, com todo o meu amor, meus filhos, Leonardo (4) e

102   Euricledes Formiga

Cristina (5). Leve ao papai João Sant'Anna (6) e mamãe Iolanda (7) meu carinho que não mudou.

Quanto ao nosso irmão Eduardo Frederico, ainda não tem condições de comunicar-se (8).

Com a saudade e o amor que crescem a cada dia, seu

João Batista

João Batista Sant'Anna" (28/10/82)

Notas e Identificações

João Batista nasceu no Rio de Janeiro em 24 de junho de 1954.

(1) *Querida Rita* – Rita de Cássia Portilho Sant'Anna, esposa.

(2) *Você deseja esclarecer as circunstâncias de minha morte física* – Rita de Cássia não houvera comentado nada com o médium Formiga, mas estava investigando as circunstâncias em que ocorreu o acidente com o marido.

(3) *Só uma coisa é certa: parti no instante exato e como havia escolhido* – A esposa de João Batista revela-se impressionada com a exatidão dessa colocação do marido. De fato, em vida, ele afirmava que "gostaria de morrer na velocidade com o vento batendo-lhe na cara".

(4) Leonardo Portilho Sant'Anna, 7 anos, filho.

(5) Cristina Portilho Sant'Anna, 5 anos, filha.

(6) João Sant'Anna Filho, pai.

(7) Iolanda Viegas Sant'Anna, madrasta.

(8) *nosso irmão Eduardo Frederico* – Eduardo Frederico

Viegas Sant'Anna, irmão do comunicante, desencarnado em Piracicaba a 4 de abril de 1982, vítima de congestão seguida de afogamento. Eduardo tinha 19 anos.

***

Debaixo de sua possante Honda 400, Rita de Cássia encontrou o volume "Encontros de Paz", psicografado por Chico Xavier e um cartão de tratamento espiritual do C.E. "Casa do Caminho", de Santos, ao qual, João Batista nunca houvera se referido aos familiares.

"OFEREÇA-ME HOJE A PAZ DO SEU CORAÇÃO"

Um dia antes de sofrer o acidente de motocicleta que o levaria para o Outro Mundo, Anézio Ruivo foi visitar a mãe, surpreendentemente, segundo ela, pois o filho não tinha o costume de o fazer em dias de semana.

Seria para se despedir da mãe? É uma indagação ainda sem resposta, mas que pode significar que inconscientemente o Espírito de Anézio estava ciente de sua desencarnação.

Ao procurar o C.E. "Perseverança" por causa da doença de seu marido, D. Isaura Ruivo fica sabendo que seu filho estava a seu lado e na reunião pública de 11 de novembro de 1982 ele lhe dirige estas palavras:

"Querida mamãe Isaura (1), papai Agostinho (2)

Pelas mãos de vovó Alzira (3), faço-me presente na comunicação que reergue as nossas almas na paz e no reconforto, com a bênção que estamos recebendo nesta noite.

Quando saí de casa naquele dia, trocando o carro pela moto, obedecia à Vontade Superior. Pode parecer esta afirmativa um tanto sem sentido para vocês, pois pensam que o acidente poderia ser

Anézio Ruivo

evitado se o veículo fosse outro (4). Até a medida junto ao muro não foi acaso. Afinal, não devemos discutir mais isso.

Peço apenas que não me lamentem mais como vêm fazendo.

106   *Euricledes Formiga*

Como afirma que tudo quanto queria eu procurava oferecer-lhe, ofereça-me hoje a paz do seu coração, embora com a saudade impossível de ser superada, tal como ocorre comigo, onde estou. Recebo muitas manifestações de amor por parte de corações amigos que me ajudam incansavelmente, mas sinto ainda muita falta de vocês. Entretanto, sofro mais, quando me alcançam seus gritos íntimos de dor.

Na U.T.I., mamãe, eu já estava mais fora do corpo do que você possa supor (5). Quando me desliguei, não foi tanta a surpresa do acontecido. Logo fui levado para longe dali e orientado sobre a nova vida que a mudança ocasionou.

Com vocês ficaram meus queridos irmãos Agostinho (6), Cleusa (7), e Neusa (8), o que quer dizer que a nossa família continua. Estou em Outro Plano, mas unido a vocês mais do que julgam.

Quanto à nossa Iolanda (9), modifique o quadro das impressões. Todos nós somos suscetíveis de reações que alegram e fazem chorar. Hoje ela é minha irmã. Muitas de suas atitudes, dela, eram resultantes do ciúme e da posse, manifestações da alma, que só desaparecem quando amadurecemos em experiências maiores.

Por ora, é o que tenho para dizer-lhes, a fim de consolar seu coração, mãezinha, e o coração do papai.

O beijo carinhoso do Anézio,

Anézio Ruivo"

Notas e Identificações

Anézio Ruivo nasceu em 26 de março de 1949, em São Paulo, e desencarnou em 27 de agosto de 1977, na mesma cidade.

(1) *Isaura Martins Ruivo*, mãe.

(2) *Agostinho Ruivo*, pai.

(3) *Alzira Ventura Martins*, avó materna, desencarnada há 57 anos.

(4) *Quando saí de casa naquele dia, trocando o carro pela moto, obedecia à Vontade Superior. Pode parecer esta afirmativa um tanto sem sentido para vocês, pois pensam que o acidente poderia ser evitado se o veículo fosse outro.* – Anézio nunca ia trabalhar de moto, mas naquele dia resolveu deixar o carro com a esposa e ir para a cidade em "duas rodas". O médium desconhecia estes detalhes.

(5) *Na U. T. I., mamãe, eu já estava mais fora do corpo do que você possa supor.* Anézio sofreu o acidente no dia 17, mas só veio a desencarnar no dia 22.

(6) *Agostinho José Ruivo*, irmão.

(7) *Cleusa Ruivo Silva*, irmã.

(8) *Neusa Ruivo Cerdeira*, irmã.

(9) *Iolanda Prado Ruivo*, esposa.

"ESTAVA MUITO FELIZ CAVALGANDO COM MEU IRMÃO A MOTO"

Mauricinho estava com doze anos quando perdeu sua grande amiga Maria, da mesma idade.

Depois de algum tempo, movido pela curiosidade e ingenuidade infantil, descobriu, na brincadeira do alfabeto e do copo, que esta seria uma maneira de voltar a conversar com a amiga.

Um dia, chegou com os olhos lacrimejando e disse para a mãe, que Maria o havia prevenido que ele também partiria desta vida cedo.

Isto se passou quatro meses antes de sua desencarnação e a mãe proibiu-o de repetir a brincadeira.

O jovem chegou a freqüentar o C. E. "Nosso Lar", mantido pelas Casas "André Luiz" dos 3 aos 6 anos de idade e sempre gostou de ler livros espíritas, demonstrando, desde cedo, interesse pelas ocorrências espíritas.

***

A Doutrina Espírita desaconselha toda e qualquer prática espírita que não seja revestida de caráter sério.

A, infelizmente famosa, "brincadeira do copo" atrai espíritos levianos ou zombeteiros, que, geralmente, fazendo-se passar

Maurício Rosan da Silva

por personalidades ou espíritos familiares, incutem nas pessoas influenciáveis e não conhecedoras dos fenômenos espíritas, falsos ensinamentos e informações.

No caso presente, não temos elementos para afirmar ou desmentir se foi realmente o Espírito de Maria que se comunicou, mas a nossa suposição é de ter havido apenas uma coincidência de fatos.

***

O acidente que vitimou Maurício Rosan da Silva deu-se

110 *Euricledes Formiga*

quando seu irmão Montemir o levava na garupa para um passeio e este caiu da moto, sem que o irmão percebesse.

Isto se deu em 16 de abril de 1982 e, em 6 de dezembro do mesmo ano, ele se comunica pela primeira vez com a família, pelo lápis mediúnico de Eurícledes Formiga.

"Mãezinha Valdice (1)

Compreendo que foi um duro golpe para vocês a maneira como retornei ao Mundo Maior, mal despontando para a juventude, quando a vida me sorria com a esperança em meu caminho. Deus, porém, assim determinou. Você deve lembrar-se das vezes em que, por intuição, eu pressentia o que estava por acontecer e que parecia tão estranho a todos. No íntimo, não apenas me preparava, como preparava os meus entes queridos para o acontecimento que se aproximava (2).

Tanta era a certeza que tinha da Vida Espiritual que não temia a morte. Prometi mesmo retornar na condição de seu filho quantas vezes Deus me permitisse, noutras experiências de vida.

Desse modo, era inevitável o que ocorreu. Mô sofreu muito, mais do que qualquer outro naquele dia, com forte sentimento de culpa (3), coisa, aliás, sem sentido, como vim a saber logo depois que aqui cheguei. Estava muito feliz, cavalgando com meu irmão a moto (4), no breve passeio que terminaria com meu passamento.

Não demorei a receber, assim que tomei conhecimento de minha nova situação, os mais desvelados gestos de carinho e de cuidados por parte de almas amigas, entre elas vovô Pedro Bernardo (5), para surpresa maior, da nossa pequena e tão querida Maria (6), a companheirinha que adquiriu um lugar muito especial no meu coração.

Meus primeiros pensamentos, mãezinha, já consciente da posição a que fui encaminhado na vida nova, foram para vocês. Papai Antônio (7) não entendia bem o que se passava, o que é perfeitamente compreensível diante do choque natural. Meus

Motoqueiros no Além 111

irmãos sofriam a mesma saudade que tomava conta de mim e me reconduzia, em lembranças, até ao lar querido.

Nossas queridas Inhã (8) e Mercinha (9) enviavam-me pensamentos de tanto amor que se traduziam em energia, paz e esperança no meu coração. Todos, enfim, me recordavam e recordam com a afeição que me sustenta na dor da separação.

Mesmo sabendo que estamos separados apenas fisicamente, que a morte não existe, que a vida continua aqui, mantendo-nos unidos, quando o amor é o laço que nos estreita, ninguém consegue evitar a saudade que nos faz chorar e lembrar constantemente aqueles que deixamos, embora por algum tempo somente.

Mãezinha, seu filho agradece hoje a Deus a bênção de haver nascido em seus braços, como dirige ao papai, aos meus irmãos, à vovó Lindaura (10) vovó Feliciano (11) vovó Senhorinha (12), toda a gratidão pelo tempo em que aí permaneceu, conquanto apenas treze anos, mas o suficiente para retornar enriquecido pelo exemplo e pelo amor de todos os nossos familiares.

Seu filho com todo o coração

Mauricinho

Maurício Rosan da Silva" (6.12.82)

Notas e Identificações

O jovem Maurício nasceu em São Paulo a 6 de maio de 1969, e cursava a 7ª série do Ginásio Estadual "Judith Guimarães", no Jardim Tremembé.

(1) *mãezinha Valdice* – Valdice Araujo da Silva.

(2) *Você deve lembrar-se das vezes em que, por intuição eu pressentia o que estava por acontecer e que parecia tão estranho a todos. No íntimo, não apenas me preparava, como*

112   *Euricledes Formiga*

preparava os meus entes queridos para o acontecimento que se aproximava. – Mauricinho refere-se às vezes que conversou com a mãe sobre seu pouco tempo de vida na Terra.

(3) *Mô sofreu muito, mais do que qualquer outro naquele dia, com forte sentimento de culpa (...)* O jovem fala dos remorsos do irmão Montemir Régio da Silva. Mô era como apenas os irmãos o chamam e o médium Formiga não havia sido informado deste detalhe familiar pela mãe de Mauricinho.

(4) *Estava muito feliz, cavalgando com meu irmão a moto* – Segundo D. Valdice, os dois irmãos eram muito ligados.

(5) *vovô Pedro Bernardo* – Pedro Bernardo da Silva, avô paterno, desencarnado há 45 anos.

(6) *nossa pequena e tão querida Maria.* – Maria, amiga de ambos.

(7) *papai Antônio* – Antônio Bernardo da Silva.

(8) *Inhá* – Meire Rose da Silva, irmã, 23 anos.

(9) *Mercinha* – Mércia Resni da Silva, irmã, 22 anos.

(10) Lindaura Vieira de Araujo, avó materna.

(11) José Feliciano de Araujo, avô materno.

(12) Senhorinha Tomé Nunes, avó paterna.

***

D. Lindalva, que era muito ligada a este filho, relata que sonha muito com Mauricinho e alguns dias antes de este enviar a mensagem, sonhou com ele, que lhe dizia: "Não fale para ninguém, pois é surpresa: eu vou lhe escrever uma carta".

O fato permaneceu fortemente gravado em D. Lindalva que, realmente, alguns dias após foi encaminhada ao C.E. "Perseverança", onde recebeu a confortadora mensagem do filho. Sonho premonitório ou foi o filho que fez contato espiritual com a mãe?

"O SENHOR DA VIDA É FONTE DE MISERICÓRDIA"

"Sabemos que o Senhor da Vida é Fonte de Misericórdia e de Amparo Inesgotável, principalmente para os corações aflitos. Em sua sabedoria e seu amor, jamais permitiria que fôssemos atingidos injustamente por tantas dores no mundo. Tudo tem uma razão de ser".

Com sabedoria, o jovem Renan Goemeri fornece aos pais um roteiro de vida que serve para todos aqueles que, desconsolados, lamentam a perda de um ente querido. Sim, "tudo tem uma razão de ser" e, se cremos em Deus, e se esse Deus é soberanamente justo e bom, ele não nos faria sofrer por acaso, sem que esse padecer fosse benéfico à nossa evolução ou para nos corrigir em nossos deslizes.

Renan sintetizou com muita propriedade a concepção espírita de Deus, que foi questão de tanta importância para Allan Kardec na Codificação do Espiritismo, que na primeira de suas obras, o magistral "Livro dos Espíritos", a primeira pergunta feita aos espíritos foi: "Quem é Deus?" ao que lhe responderam: "Deus é a inteligência suprema e causa primária de todas as coisas".

Mas, do momento da partida de Renan para o Plano

Renan Goemeri

Espiritual, até a data de sua comunicação com os pais, dolorosos momentos tiveram que ser superados pelos Goemeri .

    O acidente com Renan aconteceu quando ele e um amigo

subiam a Av. Imirim, em São Paulo, e um carro, que vinha em sentido contrário, colheu os dois, com Renan vindo a falecer uma semana após.

Sua desencarnação deu-se em 3 de abril de 1982 e, no dia 28 de novembro de 1982, na primeira vez que os Goemeri vão a uma reunião no Centro Espírita "Perseverança", recebem a seguinte comunicação do filho querido, psicografada por Eurícledes Formiga:

"Mãezinha Geissy (1), querido papai Ricardo(2)

A paz que envolve seus corações, ainda que geridos pelo sofrimento, é o melhor exemplo de confiança em Deus que eu poderia ter (3). Mesmo já tendo recebido notícias minhas, é natural que me busquem, porque a mesma coisa faço eu, movido pelo grande amor que nos une (4).

Tenho certeza de que vocês não alimentam mais desconfianças em torno do inevitável acidente que nos separou (5). Sabemos que o Senhor da Vida é Fonte de Misericórdia e de Amparo Inesgotável principalmente para os corações aflitos. Em sua sabedoria e seu amor, jamais permitiria que fôssemos atingidos injustamente por tantas dores no mundo. Tudo tem uma razão de ser. Daí porque só eu tive de partir, enquanto o Marcão era constrangido a prosseguir em seu aprendizado e sua luta na vida (6). Acontece que eu me vinculara a compromissos que terminavam ali, daquele modo e naquele dia.

Acolheu-me em minha volta ao Mundo Maior, Vovô Ricardo (7), a amparar-me em meus primeiros passos nos caminhos novos. Assim, a moto foi apenas pretexto para o acontecimento que iria culminar em minha morte física.

Neste instante, elevo o coração cheio de reconhecimento a Deus por haver permitido que renascesse no lar abençoado que vocês dirigem com tanto amor. Recordo, um por um, os dias de

116 *Euricledes Formiga*

nossa convivência e destaco, principalmente, aqueles que nos deram alegria dividida.

Que o querido papai me perdoe se não foi possível corresponder, como desejava, às suas esperanças em torno de mim (8), pois eu não podia fugir ao chamado na hora certa.

Quanto a você, mãezinha, que Jesus a recompense em paz e fortalecimento, pelo carinho com que me tem na lembrança, aconchegando-me de maneira tão terna e constante.

Graças a Deus, continuam para se tornarem em motivo de orgulho sadio e alegria sã, ao lado de vocês, os queridos irmãos Ronald (9), Ricardo (10) e Meire (11), necessitando muito do amparo e de orientação dos melhores pais do mundo.

Seu filho agradecido e com saudade permanente

Renan

Renan Goemeri" (28/11/82)

Notas e Identificações

Renan Goemeri nasceu a 19 de janeiro de 1962, em São Paulo.

(1) *Mãezinha Geissy* – Geissy Goemeri

(2) *papai Ricardo* – Ricardo Goemeri Filho.

(3) *A paz que envolve seus corações, ainda que geridos pelo sofrimento, é melhor exemplo de confiança em Deus que eu poderia ter.* De fato, na entrevista que fizemos com o casal Goemeri, eles demonstravam muita calma, não obstante a tristeza pela perda recente do filho querido.

(4) *Mesmo já tendo recebido notícias minhas, é natural que me busquem, porque a mesma coisa faço eu, movido pelo grande*

amor que nos une. – O Espírito confirma, aqui, a autenticidade de sua comunicação ocorrida no Lar do Amor Cristão, localizado no Ipiranga, São Paulo, através de outro médium. Os dois médiuns não se conhecem e nem conheciam o casal Goemeri, tão pouco o médium Formiga tinha conhecimento do fato.

(5) *Tenho certeza de que vocês não alimentam mais desconfianças em torno do inevitável acidente que nos separou.* – O pai de Renan crê que essa frase seja porque, quando um jovem perde a vida nessas circunstâncias, logo se levantam hipóteses desabonadoras sobre as causas do acidente.

(6) *Daí porque só eu tive de partir, enquanto o Marcão era constrangido a prosseguir em seu aprendizado e sua luta na vida.* Marcos Bernardi Freitas era o companheiro também acidentado de Renan e que sobreviveu.

(7) *Acolheu-me em minha volta ao Mundo Maior, vovô Ricardo* – Conforme relata Renan, seu avô paterno, Ricardo Goemeri recebeu-o no Plano Espiritual.

(8) *Que o querido papai me perdoe se não foi possível corresponder, como desejava, às suas esperanças torno de mim.* O pai de Renan tinha muitas esperanças no futuro do filho, já que este, de seus filhos, era o que mais se esforçava nos estudos.

(9) *Ronald* – Ronald Goemeri, irmão.

(10) *Ricardo* – Ricardo Goemeri Neto, irmão.

(11) *Meire* – Rosemeire Goemeri, irmã.

***

Foi a primeira vez que o casal Goemeri foi ao "Perseverança" e, sem dúvida, foi conduzido pelo filho, que também ansiava por esse contato, pois assim que se dirigiram ao médium Eurícledes Formiga, este já notou a presença do jovem e de seu avô, que o acompanhava, junto aos pais.

"NOSSOS PASSOS EM PIRAPITINGUI"

Heleodoro Schmidt era um jovem entusiasmado com a Doutrina Espírita e com o trabalho que desenvolvia junto aos mais necessitados, em especial os hansenianos.

Emociona-me escrever este artigo porque, amigo pelo coração e companheiro nessas jornadas que fui dele, ainda me recordo das primeiras vezes em que esteve no Hospital de Pirapitingui e da maneira como se apegou à tarefa.

Desde o primeiro instante em que se deparou com a situação de penúria e solidão em que se encontram esses irmãos, não teve outro pensamento que não fosse ampará-los e adotá-los como sua segunda família.

Assim conheci Heleodoro, também chamado carinhosamente por "Pena Branca", pela mecha branca que tinha no cabelo, muito embora a sua pouca idade.

Agora, com esta mensagem, sabemos que continua, da Espiritualidade, freqüentando os trabalhos da nossa querida Caravana da Fraternidade e, revela-nos, ter sido em vida pretérita, ele próprio, um hanseniano. São os liames do passado retornando para encontrar-se no presente destino.

O caso da mensagem de Heleodoro encerra interessante ocorrência mediúnica de intuição vivenciada por mim próprio.

Heleodoro, esposa e Hansenianos de Pirapitingui

Além de Heleodoro, sua mãe e sua esposa participavam das visitas da Caravana da Fraternidade a Hospitais e, mesmo após sua desencarnação, num maravilhoso testemunho à fé espírita que professam, continuaram a freqüentar os trabalhos da Caravana.

120   *Euricledes Formiga*

Quase três anos passados da desencarnação de Heleodoro, senti-me fortemente intuído a convidá-las a participar da reunião do dia seguinte no "Perseverança". A intuição correspondia. Não pude ir à sessão, mas elas, assim que chegaram, procuraram o médium Formiga e este, de pronto, constatou a presença de Heleodoro ao lado delas, que transmitiu a bela mensagem que se segue:

"Querida Marinette (1)

Com grande alegria no coração, trago as notícias que esperam na bênção deste contato através da escrita que nos afaga a saudade como sopro do céu.

Vejo mamãe Cremilda (2), fortalecida em Jesus, como papai Alziro (3) dando exemplo de confiança e de conformação que só mesmo os que sabem que a morte não existe conseguem exprimir.

Pouco tempo depois que cheguei aqui, com a colaboração de Benfeitores que sempre nos assistiram na Terra, recebi autorização para integrar a equipe dos companheiros da Caravana da Fraternidade (4) e prosseguir nas atividades que tanto nos enriquecem o coração por amor de Jesus.

Agradeço comovido ao nosso incansável Eduardo as vibrações fraternas que sempre me dirigiu, como também a oportunidade deste reencontro (5).

Nada mais reconfortante e gratificante que servir em nome do Mestre Divino, onde quer que o dever nos chame. Recordo todos nossos passos em Pirapitingui e em outros Institutos de dor e resgate, junto àqueles que se reajustam nas provas para glória de Deus (6). Compreendo hoje porque tanto me comovia como me emociona ainda o serviço no leprosário. É que eu já conhecia a prova por que passam nossos irmãos ali exilados do mundo. Fui um deles em passado recente (7). O Pai de Misericórdia me conferiu a bênção de ali comparecer embora de forma tão humilde, nas tarefas de solidariedade, de amor ao próximo.

Motoqueiros no Além 121

Querida companheira, sou feliz em poder acompanhar o movimento de nossos irmãos da Caravana da Fraternidade e do nosso "Auta de Souza" (8), aos quais rogo levar o meu mais profundo reconhecimento pelas expressões de amor e de carinho que me chegam de todos eles.

Comigo acha-se, nesse instante, vovô Heleodoro (9), no júbilo deste abençoado contato, reafirmando sua fé nos corações amados que decidiram servir nos Campos do Bem.

Beijo sua alma de irmã e peço levar ao meu irmão Francisco (10) também o meu abraço.

Jesus nos renove sempre a oportunidade de trabalhar ao seu lado, em favor dos nossos irmãos hansenianos.

Seu sempre agradecido

Heleodoro

Heleodoro Schmidt" (06/9/1982)

Notas e Identificações

(1) *Querida Marinette* – Marinette Schmidt Bastos, esposa.

(2) *Vejo mamãe Cremilda* – Cremilda Schmidt Bastos, mãe.

(3) *papai Alziro* – Alziro Ribeiro Bastos, pai.

(4) *Pouco tempo depois que cheguei aqui, com a colaboração de Benfeitores que sempre nos assistiram na Terra, recebi autorização para integrar a equipe dos companheiros da Caravana da Fraternidade* – Heleodoro refere-se à Sociedade Espírita Caravana da Fraternidade Jésus Gonçalves, com sede em São Paulo, à Av. Ataliba Leonel, 467, e que desde 1976 se dedica à assistência de doentes de Hansen em todo o Brasil.

122 Eurícledes Formiga

(5) *Agradeço comovido ao nosso incansável Eduardo as vibrações fraternas que sempre me dirigiu, como também a oportunidade deste reencontro* – O comunicante refere-se ao coautor deste trabalho, Eduardo Carvalho Monteiro.

(6) *Recordo todos os nossos passos em Pirapitingui e em outros Institutos de dor e resgate, junto àqueles que se reajustam nas provas para a glória de Deus* – O Hospital Dr. Francisco Ribeiro Arantes, mais conhecido por Pirapitingui, é um dos locais visitados regularmente pela Caravana. Os outros são: "Padre Bento", em Guarulhos, "Santo Ângelo", em Mogi das Cruzes e das "Clínicas", em Suzano.

(7) *Compreendo hoje porque tanto me comovia como me emociona ainda o serviço no leprosário. É que eu já conhecia a prova por que passam nossos irmãos ali exilados do mundo. Fui um deles em passado recente.* Transferido para o Outro Lado da Vida, é permitido a Heleodoro descerrar o véu de seu passado e ele fica entendendo o porquê da proximidade e afinidade que cultivava a esses irmãos em Humanidade.

(8) *Querida companheira, sou feliz em poder acompanhar o movimento de nossos irmãos da "Caravana da Fraternidade" e do nosso "Auta de Souza"* – Aqui, Heleodoro fala da já citada Caravana e do Grupo Espírita "Auta de Souza", localizado à Rua Gabriel Piza, 339, em São Paulo, também freqüentado por ele.

(9) *vovô Heleodoro* –Heleodoro Ribeiro Schmidt, avô materno, desencarnado em 27 de fevereiro de 1947, com 48 anos.

(10) *Francisco* – Francisco Alberto Schmidt Bastos, irmão.

A desencarnação de Heleodoro tem conotações tristes, pois ocorreu em acidente de forma violenta quando fazia um despreocupado passeio ao Embú, deixando a esposa, com quem estava casado há apenas 9 meses, grávida de seis.

No entanto, também podemos dizer que apresenta um lado

edificante, isto porque, ao vermos a força e a fé com que sua esposa e mãe enfrentaram o infausto acontecimento, nos comovemos sobremaneira.

Muito embora a dolorosa circunstância em que desencarnou, em seu velório e enterro, onde quase só havia amigos das Casas Espíritas que freqüentava, não se ouvia um só grito de dor, uma só lamentação pungente. Só saudades. Só lágrimas saudosas. E muita confiança nos desígnios de Deus.

Lembramo-nos que nosso coração sangrava de dor e tristeza, mas não pudemos nos furtar ao pedido da mãe de Heleodoro para que fizéssemos a prece ao lado do corpo que o havia abrigado na presente romagem terrestre.

Sentimos a aproximação dos Mentores Espirituais e pronunciamos comovedora prece. Finda a mesma, aproximou-se um senhor que não conhecíamos e nos disse que se comovera com a prece, mas que não entendia a reação de nós, espíritas, ante morte tão chocante: passivamente aceitávamos as circunstâncias e a ocorrência. "Seríamos masoquistas?" – aduziu ele. Tivemos, então, um pouco a contragosto, porque não gostaríamos que aquela ocasião servisse a finalidades de proselitismo religioso, que discorrer sobre a visão espírita da morte e da justiça de Deus. Resumindo o que lhe dissemos, explicamo-lhe que o espírita vê a morte apenas como uma passagem de um estado para outro e que a única coisa que perece é o corpo físico, pois o Espírito permanece vivo e habitando Outra Dimensão. Expusemo-lhe também, que, crendo num Deus soberanamente justo e bom, não poderíamos nos revoltar contra Este quando um infortúnio maior nos atingisse. Dor, entendem os espíritas, é bênção libertadora e ainda carecemos dela para nosso aperfeiçoamento. Finalizamos dizendo-lhe ainda, que o espírita chora tanto ou mais que qualquer criatura quando abatido pelo guante do sofrimento, somente que suas lágrimas vêm revestidas de saudade e não de lamento e revolta contra o Criador.

"AOS MEUS CAMARADAS DE PEREGRINAÇÃO CRISTÃ"

Mais uma vez pudemos atestar a constante influência dos Espíritos em nossas vidas. No artigo anterior, relatamos como Heleodoro Schmidt nos intuiu a levar sua mãe ao Centro Espírita "Perseverança". Pois bem, desta vez, o mesmo aconteceu quando a convidamos para assistir a palestra de Eurícledes Formiga no Instituto Espírita de Educação, em São Paulo.

Assim que o médium chegou ao Instituto, percebendo que este Espírito se fazia presente, perguntou-nos se a mãe e a esposa dele viriam à reunião daquela noite. Foi então que lhe contamos que, pela primeira vez, ela compareceria aos trabalhos espirituais do Instituto. Posteriormente, em sua carta, Heleodoro confirma ternos utilizado como instrumento para o reencontro com a mãe.

Porém, o que mais comoveu D. Cremilda, mãe do Heleodoro, no intercâmbio mediúnico com o filho, foi que há dias ela estava preocupada e sem aceitar o namoro de Marinette, viúva de Heleodoro, com outro rapaz. Sentia-se enciumada, confessa, e bastante intranqüila, principalmente depois que a jovem lhe disse que "achava que até mesmo o Heleodoro a estava inspirando nesse relacionamento". Na intimidade de suas orações, D. Cremilda dizia ao filho: "Se realmente você está desejando esse namoro, quero de sua parte uma prova irrefutável disso".

Motoqueiros no Além 125

E a prova veio. Na comunicação, Heleodoro fornece todas as indicações de sua influência e participação no caso, provando ser hoje, o irmão querido para aquela que um dia foi sua companheira. Esta é a atitude costumeira dos Espíritos lúcidos de sua condição despojada da matéria, desprendidos que se tornam da vida material, onde é natural o desejo de posse a tudo e todos que amam.

Para D. Cremilda, não podia haver prova mais contundente da sobrevivência do Espírito de seu filho, já que nem os amigos mais íntimos da família sabiam dessa querela familiar e muito menos o médium, com quem só conversou depois de terminada a reunião daquela noite.

A mediunidade, como vimos mais uma vez, foi o canal bendito que propiciou consolo e orientação a corações aflitos.

Tomemos contato com as palavras de Heleodoro:

"Querida Mamãe Cremilda. '

Eu sabia tanto que você viria que não constitui surpresa este reencontro. Nosso Eduardo é minha antena. Daqui, é só falar ao seu coração e lá vai ele providenciar o assunto como seja da nossa conveniência com a permissão de Deus.

Ando trabalhando muito e isto me deixa feliz, sempre integrando a Caravana em favor dos nossos irmãos hansenianos. Ultimamente faço parte de uma equipe encarregada de preparar a desencarnação dos que já se aprontam para a volta. É um serviço gratificante, porque, de maneira geral, atuamos em almas ansiosas pela libertação e que cooperam com boa vontade e até com alegria.

Mas não é só isso, levando, quando possível, a palavra que reergue e que encaminha os mais revoltados. Já é tarefa mais delicada, mas não menos bela.

Acho que estou falando muito de mim e esquecendo que preciso saber mais de vocês. Acompanho as atividades de nosso pessoal e me alegro com a participação constante de Marinette. Por sinal, querida mamãe, você não acha que é tempo de se pensar em reconstrução do lar de nossa querida irmã, sem nem por isso deixar de ser a companheira que sempre foi para mim?

Estou pensando seriamente no assunto. Ela é jovem e dotada de tantos recursos com que Deus a enriqueceu na vida. Além do mais, ouso avançar uma revelação que certamente ela entenderá bem. Alguém que tanto desejou renascer ao seu lado pretende renovar a iniciativa, com o auxílio de benfeitores amigos e com minha modesta ajuda. Chego a adiantar que será abençoada oportunidade para ambos.

Não há de lhe faltar ocasião para refletir sobre o assunto. Creio mesmo que já pressentiu minha interferência no caso.

Aos meus camaradas de peregrinação pelo "Padre Bento", "Santo Ângelo", "Pirapitingui" e "Clínicas", a certeza de que continuo o mesmo animado Pena Branca, dando o melhor de mim pela causa de Jesus na Terra.

Leve aos irmãos de "Auta de Souza" minhas lembranças afetuosas e minhas rogativas a Deus para que não lhes faltem coragem e força nos trabalhos.

Ao Eduardo, a gratidão de todas as horas, por tudo quanto tem feito e faz na Doutrina que nos abriga.

Beijo-a, ao papai Alziro, ao nosso Francisco e à nossa Marinette, a todos de nossa família, para não citar nomes.

Seu sempre reconhecido

Heleodoro

Heleodoro Schmidt" (09.02.83)

* * *

Que outra prova poderia essa mãe aflita exigir para acreditar na sobrevivência da Alma?

Sem dúvida, manifestações espíritas como a presente não podem ser explicadas por outros meios senão os de que nossos entes queridos continuam vivos e que a Alma não é algo vago, mas um ser vivente, portador de suas aquisições em vida e dotado de atributos que lhe permitem continuar acompanhando os passos daqueles com quem conviveram na vida da carne.

GLOSSARIO DO MOTOQUEIRO

Abrir o gás – Acelerar, correr.

Bicheira – moto antiga e/ ou mal conservada.

Braço duro – o barbeiro da moto, mau piloto.

Caçar passarinho – empinar violentamente a moto na hora da arrancada.

Chips – policial de trânsito que trabalha de moto. Alusão ao seriado de TV sobre as California High-way Patrol.

Curtir um vento na cara – passear de moto.

Dar um cavalo – dar carona.

Dar um gás – correr muito.

Dar um rolê – sair para passear sem direção definida. Paquerar de moto.

Fazer pêndulo – inclinar exageradamente o corpo ao fazer uma curva.

Garupeiro – aquele que pega carona.

Geladeira – moto sem documentação.

Ventão – motoqueiro principiante ou veterano que fica sempre atrás nos "rachas".

Levar um chão – cair da moto.

Manero – motoqueiro que não corre.

Máquina – moto.

Motoca – moto.

Motocar – andar de moto, passear.

Moto transada – moto de bom gosto.

Motossauro – moto antiga de grande cilindrada, hoje fora de linha.

Moto auê – moto com acessórios ou pintada com bom gosto.

Munheca dura – motoqueiro que pilota com firmeza. Característica do bom piloto.

Pouca cuca – quem cai com freqüência da moto.

Pressão – motoqueiro que faz malabarismos na rua para se exibir.

Ser do ramo – bom piloto.

Sair rasgando – arrancar com muita velocidade sem levantar a roda dianteira.

Veneno – motor preparado

Fontes de pesquisa: Própria e Revista Veja.